El tesoro escondido

DESVELA LA VERDAD DE LA HISTORIA DE TU VIDA

Gangaji

EL GRANO DE MOSTAZA

El tesoro escondido

Autor
Gangaji

Traducción
Miguel Iribarren

Diseños del libro
Félix Lascas

Portada
Félix Lascas

Fotografías donadas por
Jasmin Lace y Michael Waha

Corrección ortotipográfica
Olga Montobbio

Primera edición en España
Mayo 2012

Impreso en España

Depósito legal
B-16863-LV

ISBN
978-84-939311-9-3

EDICIONES EL GRANO DE MOSTAZA, S. L.
Carrer de Balmes, 394 ppal. 1.ª
08022 Barcelona, SPAIN

EL TESORO ESCONDIDO

DESVELA LA VERDAD DE LA HISTORIA DE TU VIDA

GANGAJI

EL GRANO DE MOSTAZA

Elogios dedicados a El tesoro escondido

«Gangaji es una de las líderes espirituales más listas, claras y poéticas de nuestro tiempo. En *El tesoro escondido*, su escritura es compasiva, transparente, generosa y despiadada. La simple lectura de unas pocas de sus palabras me lleva a casa, a la verdad de quien soy, en segundos».

Alanis Morissette, cantante y compositora ganadora de un Premio Grammy

«Las luminosas palabras de Gangaji reflejan su corazón luminoso, que brilla en el relato desnudo de su historia y de su realización. Hay una simpleza, belleza y gracia en su presencia y prosa que surgen de la verdadera libertad subyacente. Escucha, absorbe, relájate y date cuenta de que ya estás en casa».

Stephen Dinan, director de The Shift Network y autor de *Radical Spirit*

«Qué alegría sentir el poder de la liberación de Gangaji en sus palabras y, todavía más, en el espacio de silencio entre las palabras. Es un honor y un deleite recomendar este libro a cualquier buscador sincero».

Rabino Marc Gafni, autor de *Soul Prints* y *The Mystery of Love*

«*El tesoro escondido* es una invitación a despertar a la verdad y a la libertad que siempre están aquí».

Llewellyn Vaughn-Lee, profesor sufí y autor de *The Return of the Femenine and the World Soul*

Para mi hija, Sarah

CONTENIDOS

Introducción

Mi maestro contaba muchas historias didácticas. A veces hablaba de un león que había sido criado como un mono y que, gracias a otro león que le señaló su condición natural, despertaba a su verdadera naturaleza y rugía. Otras veces decía que el mejor lugar donde esconder cosas es el bolsillo del ladrón, y contaba la historia del rico mercader que podía confiar en que su diamante estaría seguro allí. Y a menudo explicaba la historia llamada «El tesoro escondido», que nos brinda un contexto para este libro. En «El tesoro escondido», una humilde viuda y sus hijos, que vivían en la pobreza, descubren que siempre habían tenido un tesoro bajo sus pies.

Todas estas historias nos enseñan que no somos quienes creemos ser. Nuestra manera de definirnos no cuenta la verdad de quienes somos. Lo que pensamos que deberíamos tener ya está presente y, cuando creemos que nuestras vidas han perdido su valor, sigue estando allí; solo debemos saber dónde mirar.

Se te ofrece este libro para ayudarte a descubrir que nuestras historias individuales pueden señalar hacia eso que tenemos justo debajo de la nariz, aunque nos parece que está ausente. Cualquiera que sea nuestra historia particular, cada uno de nosotros tenemos la capacidad de descubrir la verdad de quienes somos.

El tesoro que creemos que tenemos que buscar fuera podemos hallarlo en nuestro propio ser. Y somos capaces de descubrir que, independientemente de cómo se ordenen y reordenen los sucesos de nuestras vidas, aquí —precisamente donde estamos hay algo de verdadero valor.

Este libro muestra que nos mantenemos en la oscuridad y que podemos descubrir la luz sin que nada cambie en nuestra historia. La verdad es simple, pero las maneras de oscurecerla son complejas. Si podemos simplificar las complejidades de nuestro sufrimiento individual, ya estamos más cerca de la verdad. Pensamos que sufrimos de una manera única, y es posible que nuestras circunstancias sean únicas, pero las pautas son las mismas. Estamos bajo el hechizo de la ignorancia de maneras particulares y, al describirla, podemos disiparla.

Este libro te invita a contar tu historia en el marco del reconocimiento de la paz y de la realización que siempre están presentes en el núcleo de tu ser. El propósito de esta obra es ayudarte a ver lo que impide ese reconocimiento, la «ropa» que te has puesto para cubrir tu ser desnudo. Esa ropa está hecha de los recuerdos de sucesos pasados, tanto de tu pasado individual como de nuestro pasado colectivo.

Si eres como la mayoría de los seres humanos, tejes esas vestimentas en el presente mientras preparas tus guiones para el futuro. Si estás dispuesto a dejar de tejer durante un periodo de indagación profunda y sincera, podrás descubrir lo que las historias encubren. En este libro no se te pide que trasciendas la tuya. Podemos reconocer el poder, la belleza y el horror de nuestras historias particulares, y al mismo tiempo reconocer la necesidad de *ver más allá* de ellas para descubrir lo que vive en el núcleo. En nuestra larga historia humana ha habido grandes seres con biografías inspiradoras y asombrosas que revelan la victoria del autodescubrimiento. Lo que nos inspira de estos grandes seres es que sus vidas se orientaron hacia el sublime descubrimiento de la verdad eterna, y después reflejaron esa verdad. Este libro te invita a dejar que tu historia sea una contribución a la revelación universal del autodescubrimiento, expresado de una manera única como tú.

Esta invitación no es tan escandalosa como puede parecer inicialmente. Incluso los mayores santos y seres realizados tuvieron muchas cosas normales en su vida. Conocieron el dolor y el fracaso. Como nosotros, experimentaron la duda y los contratiempos. Cuando estamos dispuestos a reconocer lo ordinario en estas personas, aceptamos más plenamente la posibilidad de que nuestras propias vidas se orienten hacia el descubrimiento directo e interminable de nosotros mismos.

En este libro se te pide que veas lo que hay debajo y dentro de la historia. Hemos aprendido a presentarnos ante el mundo manteniéndonos bien tapados para protegernos y para engañar. Pero, independientemente de cómo nos presentemos a los demás, sufrimos si no somos conscientes de lo que es libre de nosotros. A medida que vas pelando las capas de tu propia historia, o que ves más allá de ellas, permaneces desnudo ante ti mismo, en conciencia silenciosa.

El pensamiento de estar desnudo ante ti mismo es posible que te atemorize. La mayoría de nosotros somos conscientes de que tenemos muchos fallos, y estar completamente desnudos trae consigo la posibilidad de descubrir todavía más. Hemos aprendido a encubrir hábil e inconscientemente lo que percibimos como nuestros defectos con capas y capas de historias. Nuestras imágenes internas y nuestras narraciones solo están hechas de imágenes y pensamientos, pero tienen un gran poder. Es posible que sepamos que son, al menos en parte, mentira, pero es muy probable que nos dé miedo descubrir lo que está tapado.

Somos diestros en preservar los hilos de nuestros guiones superpuestos y nos esforzamos por cubrir los agujeros y descosidos que la vida revela con persistencia. Este es un trabajo constante que requiere nuestra atención de día y de noche. En un instante, y aunque solo sea por un instante, podemos detenernos. Cuando nos cansamos de encubrir lo que tememos ser, podemos dejar de hacerlo. Cuando sentimos curiosidad por lo que es inmutable en medio del cambio constante, podemos dejar de prestar toda nuestra atención a lo cambiante. Cuando somos llamados a una vida que está más allá de nuestra imaginación, más allá de nuestra capacidad de construir, podemos dejar de construir nuestra vida. En ese momento descubrimos que cualquier pensamiento, con respecto a nosotros mismos solo es un hilo que contribuye a tejer una historia y que podemos soltar ese hilo. Al soltarlo, encontramos la fuerza para vernos desnudos. Nuestra atención puede volver al núcleo silencioso y consciente.

El núcleo silencioso y consciente está, naturalmente, desnudo de fenómenos, y está desnudamente presente en el núcleo de todo fenómeno. Solo nuestra distracción con los fenómenos —«la ropa» hecha de pensamientos, imágenes, impresiones sensoriales y recuerdos— mantiene nuestro núcleo tapado, impidiéndonos reconocerlo.

Al indagar en la historia de tu vida, puedes reconocer las capas de distracciones pasajeras que mantienen tu atención enredada. Cuando las reconoces, puedes recuperar tu atención. Puedes permitir que las distracciones se caigan, o puedes verlas y ver a través de ellas todo el camino a casa, al núcleo silencioso.

En la primera parte de este libro, presento mi propia historia personal e introduzco «El tesoro escondido», la historia didáctica que a veces usaba mi profesor H. W. L. Poonja (Papaji). En la segunda parte, estas dos historias quedan deconstruidas, o «desvestidas». Con ello me propongo ayudarte a examinar más profundamente tu propia historia de vida. Para lograrlo, la desvistes. Miras dentro de ella. Esta deconstrucción continua que se hace en este libro de mi propia historia y de la historia didáctica te ayuda a continuar deconstruyendo tu historia.

Cuando se reconoce la insustancialidad esencial de todo lo que el pensamiento ha tejido, el mecanismo encubridor queda expuesto. Estás desnudo. Puedes ver el núcleo de ti, no como otro objeto construido por el pensamiento, sino como el tesoro escondido que constituye la verdad de ti mismo. La conciencia silenciosa es la conciencia de uno mismo como sujeto eterno, como fuente eterna: el núcleo desnudo de tu historia; de mi historia; de la historia didáctica, y de toda la infinita y misteriosa variedad de las historias humanas.

Con este reconocimiento culmina la búsqueda de realización de toda una vida.

Primera parte

Capítulo 1

HISTORIAS

Pasé la mayor parte de mi vida en guerra con los personajes de mi historia, incluyendo a la protagonista: yo misma. No eran lo suficientemente buenos, o lo suficientemente listos, o lo bastante profundos. En un momento dado de mi historia, ninguno de nosotros era lo bastante rico. En otra etapa, cuando se desdeñaban las posesiones materiales, ninguno de nosotros era lo bastante pobre. La situación nunca estaba bien. Siempre podía mejorarse. En algún momento del futuro podría hacer que mi historia encajara con mi ideal más reciente, o al menos eso esperaba. Durante cuatro décadas me dediqué a construir una historia que me resultara satisfactoria. Los periodos de paz y felicidad iban y venían. La felicidad *duradera* seguía fuera de mi alcance. Tardé algún tiempo en darme cuenta de que la satisfacción duradera que buscaba no cabe en ninguna historia personal. No podía capturar la realización en mis numerosos intentos de contar una historia victoriosa, porque es libre. Necesité algún tiempo más para darme cuenta de que mi historia aparecía misteriosamente en eso que ya está realizado. Fue una conmoción preciosa y maravillosa descubrir que la libertad y la realización nunca están ausentes, cualquiera que sea la última versión de mi historia. Mi historia es un ejemplo individual de la búsqueda de la conciencia viviente y libre que ya habita en cada personaje. Cuando reconocí el núcleo silencioso y realizado en todas las versiones de mí misma —y en la de todos los demás personajes de mi historia—, descansé. En la espaciosidad del descanso, pude empezar a vivir mi vida desde la realización, en lugar de continuar buscándola.

Inevitablemente, todas las criaturas nacen definidas por sus historias. Sin embargo, si seguimos estando limitados por esas definiciones, vivimos una vida de atadura interna. Cuando reconocemos las historias que generan nuestras definiciones de nosotros mismos, nos encontramos más cerca de descubrir dentro de nosotros aquello que es indefinible. Este descubrimiento revela la libertad interna y la realización duradera.

Cada forma de vida tiene un comienzo, un recorrido vital y un final. La mayor parte de nuestra atención interna y externa y de nuestra comunicación gira en torno a las particularidades de cómo nos definimos a nosotros mismos como vida colectiva, y también de cómo nos definimos a nosotros mismos, o a otros, como vidas particulares. Los animales, los árboles, las flores, las mariposas, las arañas, las rocas, los planetas y los sistemas solares también tienen sus historias, que son, al mismo tiempo, nuestro mayor entretenimiento y nuestra humillación inevitable. Podemos encontrarnos a nosotros mismos, o hallar partes de nosotros en todas las historias, que también sirven para separarnos.

Todos tenemos nuestro origen en la energía de vida; la energía de vida nos impregna y nos anima a convertirnos en una forma de vida particular y, finalmente, todos acabamos volviendo a la vida informe. A lo largo del camino, hay dramas grandes y pequeños, encrucijadas del destino y sorpresas maravillosas y horribles. Algunas biografías acaban muy rápidamente y otras se extienden por mucho tiempo. Dentro de esta historia universal inabarcable, existen incontables dramas. Las historias se cantan, se describen en libros sagrados, se memorizan, se dramatizan y se consultan generación tras generación. Nuestra historia cósmica colectiva es un teatro rebosante de formas de vida que aparecen y desaparecen. Las formas nacen, viven múltiples historias y después mueren. Antes de que aparezca cualquier forma, la vida ya está aquí. Durante el periodo de vida de cualquier forma, la vida la anima. Y cuando muera una forma de vida particular, la vida, retirada de dicha forma, sigue aquí. La vida es verdad. Siempre está aquí.

Nuestra historia de vida individual empieza en el útero de nuestra madre. Allí, la convergencia de una serie de factores hace que a cada uno de nosotros se nos atienda mejor o peor. Si bien la vida intrauterina es parecida para todos los humanos, la investigación demuestra que el entorno externo puede afectar mucho al feto. Las historias que estén viviendo sus padres inciden en el desarrollo del bebé. La diversidad de los entornos uterinos va desde el peor —bebés concebidos en campos de concentración o en prisiones, bebés nacidos de la violación, fetos cuyas madres son muy pobres, bebés del crac, con el síndrome de alcoholismo fetal, fetos cuyas madres están física o mentalmente enfermas— hasta el mejor —bebés atendidos con amor antes de nacer, en entornos libres de toxicidad física, emocional y mental, tanto para el ellos como para las madres—. Los genes y el primer entorno contribuyen en gran medida a establecer la primera versión de la historia de cada criatura. Y, sin embargo, incluso en el útero, el individuo en ciernes puede resistirse misteriosamente tanto a lo peor como a lo mejor.

Buena parte de los fundamentos de nuestra historia los heredamos de las familias y comunidades donde nacemos. Asimismo, como formas de vida inteligentes, tenemos la capacidad innata de deshacernos de gran parte de lo que está preestablecido para nosotros o de lo que nos ha definido anteriormente. Incluso algo aparentemente tan fijado como el sexo depende de la cultura para adquirir significado, y, en nuestra era, gracias a la cirugía y a la biomedicina, es posible elegir. Lo que absorbemos y rechazamos forma, reforma y deshace nuestras definiciones de nosotros mismos.

El recorrido de una vida humana —incluso en un día, y mucho más en un año, en una década o en un siglo— está constituido por una serie de historias: unas pocas relativamente estables en el centro; algunas contradictorias; otras largo tiempo olvidadas, y todas manipuladas y reformadas por nuestra aceptación o rechazo. Tenemos un enorme armario lleno de *sucesos* del pasado que reordenamos, recombinamos o descartamos para necesidades particulares en momentos determinados. Dentro de nuestras células tenemos incontables relatos de amor y odio, de guerra y paz, de sueños realizados y fracasos inapelables. Cada uno de ellos desempeña su papel consciente o subconsciente en nuestra manera de definirnos y vestirnos. Cada uno de los relatos es una versión o un aspecto de nuestra historia de vida.

Como las definiciones generadas por nuestras historias solo tienen una estabilidad relativa, la indagación en ellas —y especialmente en sus temas centrales— puede revelar el primer ordenamiento de los sucesos, y los subsiguientes, para apoyar una identidad central particular. Las definiciones acerca de quiénes somos como individuos son mutables, y podemos retocarlas para vestirlas con la última versión de nuestra historia particular. Pero nuestra identidad central es aquello a lo que nos referimos cuando decimos *yo*. Es lo que sentimos sólido mientras los vientos cambiantes del éxito y del fracaso se arremolinan en nuestros pensamientos.

Durante el tiempo que los padres se hacen cargo de nuestras vidas, ellos realizan la mayor contribución a nuestras identidades en desarrollo. Cuando empezamos la escuela, estamos abiertos y disponibles a las aportaciones de nuestros compañeros y crecemos hacia identidades más socialmente conformadas. Al llegar a la adolescencia, nuestro imperativo hormonal revela que ya no somos quienes creíamos ser pocos años antes. A medida que el proceso de nuestra individuación continúa dinámicamente, según parece, nuestra identidad central sigue solidificándose. La madurez y después la vejez, con las historias biológicas y culturales que las acompañan, demuestran que, aunque nuestros *yoes* individuales puedan parecer sólidos, la periferia cambia continuamente.

La verdad de nuestras historias no se limita a sus hechos verificables. Es posible que la versión shakespeariana de Ricardo III solo incluya algunos datos biográficos, pero hay aspectos del carácter humano que vibran en el personaje de la obra. Tus recuerdos pueden estar en completo acuerdo con tu personaje y con la dirección de tu vida, sin tener mucho que ver con lo que realmente aconteció. Tenemos muchas maneras de fabricar nuestros recuerdos: por medio de las historias de otros, vía nuestros temores y deseos, a través de la neurosis o psicosis, o quizá por medio de pequeñas adaptaciones añadidas cada vez con mayor perspectiva. En un sentido muy real, los sucesos de nuestra memoria son fluidos. Fluyen, chocan y se adaptan a nuestra última versión de nosotros mismos.

Los hechos ni siquiera son verdad, si por *verdad* nos referimos a aquello que permanece inmutable. Asumimos que los cambios son de una importancia central en un momento e irrelevantes en otro. Vienen y van según nuestra conveniencia. En cualquier momento dado, los hechos de nuestra vida pueden reflejar nuestra verdad, pero este reflejo siempre está al menos, un poco sesgado. La inmensidad misma de la vida se mantiene libre de la objetivación que hacemos de ella.

El reconocimiento de que no podemos recuperar nada en la memoria es verificable, pues la verdad nos libera y nos hace humildes. Cuando nos encontramos con nuestros amigos y familiares, y también con los enemigos, y recordamos el pasado, puede resultar chocante descubrir cómo creamos u olvidamos diversos acontecimientos. Por supuesto, nuestro recuerdo de algunos sucesos particulares puede parecernos irrefutable. Otros, que tienen distintos recuerdos de esos mismos sucesos, también los consideran irrefutables. Nos creemos nuestra objetivación mental o emocional de los sucesos, de nuestras historias, incluso cuando nos presentan pruebas de que no es así.

Muchos viven vidas tortuosas de esfuerzo constante y sufrimiento. También hay muchos que viven vidas de sucesos miserables y, sin embargo, misteriosamente, no sufren. E igualmente misterioso es que haya quienes viven vidas de facilidad y abundancia y, no obstante, sufran enormemente. Los hechos externos afectan a nuestra vida interna, pero no la controlan. La verdad de una vida, tanto si es una vida de sufrimiento como de facilidad, no reside en sus *hechos*. Nuestra investigación actual guarda relación con la verdad de tu vida. Los sucesos, y los recuerdos de esos sucesos, son los ropajes que pueden oscurecer la verdad desnuda de tu vida. Los sucesos de una historia de vida, y el ensamblaje de los recuerdos en torno a ellos, pueden ser el punto de partida para dejar la verdad interna al desnudo.

Cuando reconocemos lo poco fiable que es la memoria, nos liberamos de tener que mirar dentro de ella en busca de definiciones y pruebas de quiénes somos. Entonces nuestra atención es libre de descubrir nuestra verdad inmutable, nuestra vida interna más profunda. Podemos cambiar la energía emocional y mental que gastamos internamente contando una y otra vez nuestras historias, y la que empleamos externamente en nuestra manera de presentarnos. Tenemos la posibilidad de encauzar nuestro interés hacia descubrir qué queda inalterado, independientemente de la alteración infinita que nos rodea por doquier. Podemos dirigir nuestra atención hacia la verdad de un asunto en lugar de hacia su definición.

En nuestra vida se producen constantes interacciones y superposiciones de nuestras historias con las de otros. Nuestra historia familiar, la historia de nuestro clan, nuestra historia racial, nuestra historia religiosa o no religiosa, nuestra historia nacional y la multitud de otras historias de las que formamos parte se van entretejiendo como hilos. Nuestra historia personal es un hilo más, que forma parte de muchos tejidos mayores. No es posible exagerar la influencia que tienen los demás sobre nosotros, ni la nuestra sobre ellos.

En nuestra especie es natural que las familias, naciones, religiones, culturas y subculturas transmitan el conocimiento contando historias. Este libro se ocupa sobre todo de la palabra oral y escrita, pero las historias se comunican universalmente en prosa o en poesía, con música, danza y a través de todos los demás medios artísticos. Desde los primeros aprendizajes, y a lo largo de la vida, nos remitimos a las historias para que nos muestren el camino. Y lo hacen. Para bien o para mal, se convierten en los puntos de referencia para definir quiénes somos, con quién estamos y qué significa todo.

Lo más probable es que nos hayan cantado las primeras historias en la infancia. En uno de mis recuerdos favoritos, salto sobre la rodilla de mi padre mientras me canta una canción sobre un caballo. Cuando llegaba la parte en la que el caballo se caía, su rodilla cedía y yo me caía al suelo, aunque él aún me sostenía con las manos. Yo chillaba de placer y emoción mientras repetíamos la escena una y otra vez. Quizá el principal aliciente de este juego consistía en sentir el amor de mi padre, pero también era una lección esencial sobre el hecho de que las cosas colapsan y que uno tiene que estar bien en medio de ese colapso. Era una introducción a las sorpresas del mundo, amortiguada por el apoyo de un protector.

A medida que nos hacemos mayores, si tenemos suerte, nos leen historias. Las historias infantiles tratan de enseñar los valores y tabúes de la cultura del niño. Con el fin de llamar más fácilmente su atención, están diseñadas para emocionar y atemorizar. Los finales suelen dar seguridad. Cenicienta se casa con al príncipe, aunque tiene que pasar por el sufrimiento de no ser vista y de ser malinterpretada antes de lograr la victoria. A veces los relatos son terroríficos. Caperucita Roja aprende una lección sobre los peligros de creer inocentemente en las apariencias, aunque ella también se salva al final. El propósito de la mayoría de las historias arquetípicas para niños es prepararlos para los peligros del mundo. Es una tarea noble y necesaria para cada generación. También hay historias más sutiles que abordan el mundo interno y los misterios del universo. Reconocen la enormidad del entorno del niño y le enseñan a navegar por él en cierta medida. El propósito de estas historias más internas también es ofrecer enseñanza, guía, apoyo y alivio.

Si tenemos suerte, aprendemos a leer y podemos elegir qué historias incluir en nuestra identidad. Me descubrí leyendo a una edad temprana, y desde entonces ha sido un aspecto esencial de mi vida. Las historias y los libros que leía me entretenían y me permitían escapar de aspectos de mi vida que estaban fuera de control. Intentaba parecerme a los personajes que amaba, primero Heidi y después Nancy Drew; y me encantaban sus éxitos ante las inevitables pruebas que se presentaban en sus caminos. Los personajes de mis cuentos contribuyeron enormemente a mi formación como persona. Después, en lecturas más maduras, empecé a descubrir sutilezas y matices de carácter que incidían en mis experiencias con otros y conmigo misma. Las historias me guiaban hacia aguas más profundas. Me ayudaban a formularme y a definirme a mí misma. Me ofrecían solaz y también me planteaban retos.

Una historia diseñada para enseñar puede ser pedante, y por tanto, decepcionante, o sutil y penetrante. Una historia didáctica sublime entra en la corriente mental casi antes de que el intelecto capte su significado. Nos vemos atrapados en el guion de la historia, que ya está cambiando nuestra percepción de la realidad. Esos relatos son los mejores y nos han sido transmitidos a lo largo de las eras. Están en las escrituras de todas las religiones, en los poemas épicos de cada cultura y en los cuentos y canciones infantiles que se difunden de forma oral sin necesidad de alfabetización.

Cuando las evocamos, las historias de personajes mundiales tan dispares como Cristo, Buda, Harriet Tubman, Ulises, la Mujer Maravilla, Harry Potter o cualquier otro héroe cambian nuestro estado mental y nuestra fisiología. Cuando leemos el recorrido de sus vidas, vemos un reflejo de sus circunstancias en las nuestras. Nos alimentamos e incorporamos advertencias esenciales al escuchar estas narraciones.

Podemos estudiar la vida de Cristo e identificarnos personalmente con su capacidad para expulsar del templo a la autoridad corrompida. Si después nos enteramos de que esta versión de la vida de Cristo fue inventada por la propaganda de los primeros cristianos y por un discípulo intransigente llamado Pablo, seguimos sintiéndonos irracionalmente inspirados. No es en los *hechos*, sino en la verdad de la individuación adolescente donde esta historia ahora es nuestra historia, y nos anima a deshacernos de la corrupción que percibimos en nuestros padres para encontrar nuestro propio camino. Podemos identificarnos emocionalmente con la traición del discípulo de Cristo y llorar por nuestras propias traiciones. Sufrimos su crucifixión al reconocer que nuestra sociedad y nuestros compañeros no nos ven. Celebramos su ascensión y nos animamos al tomar conciencia de nuestra capacidad de renovación y de empezar de nuevo.

En las historias sobre Buda y Harriet Tubman, descubrimos que un príncipe anteriormente protegido y una esclava robusta encuentran la fortaleza necesaria para escapar de sus prisiones radicalmente diferentes y responder a la llamada de la libertad. Vemos en sus historias de vida maneras extremadamente individuales de servir a los demás. Buda usa su profunda comprensión para apuntar hacia la paz que acompaña al desapego. Harriet Tubman tiene la resolución necesaria para conseguir la libertad y ayudar a otros a hacer lo mismo. Aunque sus historias no son fundamentalmente distintas, cada una nos señala la revelación y la fortaleza que podemos hallar en la nuestra.

En el caso de Ulises, vemos la facilidad con que hasta las intenciones más firmes de nuestra voluntad consciente pueden verse desviadas por todo tipo de cantos de sirena. De la Mujer Maravilla o de Harry Potter, nos emociona la posibilidad de que el misterio de la vida se exprese a través de nuestro poder personal y que, independientemente de los propios errores y de nuestra humanidad, podamos descubrir y canalizar los talentos que tenemos. Todas las historias muestran facetas de nosotros mismos que esperan ser reveladas. Si asumimos que nuestros héroes personales nos muestran nuestras identidades favoritas y las propias cualidades internas emergentes, podemos ver que los villanos y los personajes menores también revelan aspectos de nosotros. Las historias más indelebles persisten durante siglos porque nos revelan que somos sabios y buenos, además de ignorantes y villanos.

Las historias nos inspiran y nos alertan. Si nuestra madre nos lee «El cachorrito diminuto» suficientes veces, aprendemos algo sobre nuestra relación con el tiempo. Gracias a los relatos épicos universales, nos damos cuenta de las grandes locuras de nuestra vanidad y del mal uso que hacemos del poder. De Shakespeare, Homero y Faulkner, aprendemos qué es el fracaso, qué significa la perseverancia, cómo la elección de un instante puede salvar o condenar la vida de una persona o de una nación. Las historias de ciencia ficción revelan que la elección que hacemos en un momento puede amenazar a todas las formas de vida.

Las historias de películas y libros, las que se vierten en las habladurías y en las escrituras sagradas, nos entretienen; son el vehículo y la prueba del poder del lenguaje. Son la joya más destacada de la corona del lenguaje. Las historias que oímos una y otra vez, así como las que leemos y releemos, las que contamos y volvemos a contar, nos manipulan. Principalmente nos sentimos arrastrados por las historias culturales o subculturales y sus definiciones de quiénes somos, tanto individual como grupalmente. Podemos creer en la causa última de las guerras, en la necesidad de trabajar más por menos dinero o en la proximidad de un fin del mundo apocalíptico, o podemos rebelarnos contra estas típicas historias culturales. En cualquier caso, la narración cultural predominante genera una variedad de puntos de referencia. Es posible estudiar cómo hacer propaganda en nuestras aulas, pero la sutileza de la historia cultural a menudo nos deja ciegos a nuestra contribución personal al gran enredo de esa narración grupal.

De lo que no solemos ser conscientes al absorber las historias que nos rodean es de la estructura y del mensaje de nuestra historia de vida. A menudo para evitar reconocer plenamente la historia que vive a través de nosotros, usamos los relatos de nuestra herencia cultural pasada y presente. Es posible que seamos conscientes de nuestros triunfos o fracasos particulares, pero raras veces miramos con perspectiva o tenemos una visión general de cómo nuestra historia sirve para definirnos. Si la historia atraviesa una fase de fracaso, generalmente aceptamos que somos unos fracasados. Si la historia gira hacia el éxito, entonces nos consideramos exitosos, aunque tal vez siga persiguiéndonos la anterior definición de fracasados. Es posible que nos contemos a nosotros mismos nuestros éxitos y nuestro temor al fracaso, pero no solemos reconocer la posibilidad de no definirnos por una historia particular. En la medida en que, consciente o inconscientemente, aceptamos estas definiciones, somos menos libres.

¿Cómo podemos vivir nuestras vidas, que ciertamente son historias, y sin embargo no ser definidos por ellas? Podemos ser libres *en* nuestra propia historia; vivir libres de cualquier definición de nosotros mismos. Esta libertad reside en el reconocimiento de la naturaleza del cambio y de la inmutabilidad. Generalmente, anhelamos el cambio o lo tememos. La naturaleza de cualquier historia es cambiar. Pero la libertad duradera y la realización solo pueden hallarse en la inmutabilidad. Lo inmutable es la conciencia silenciosa e inamovible que está presente independientemente de cualquier giro de los acontecimientos, de cualquier vestidura. Si pasamos por alto la conciencia silenciosa e inmutable, ignoramos lo que ya es libre de toda atadura, libre de cualquier *definición* de libertad.

En lugar de enfocar nuestra atención y nuestro juicio en el cambio, como si fuera un obstáculo para reconocer lo inmutable, podemos usar nuestras historias y sus sucesos cambiantes como catalizadores para revelar el sustrato inmutable. Empezamos con las historias, y con las definiciones que generan, a fin de usar la incomodidad que a menudo las acompaña para evocar el verdadero cuestionamiento. Este lleva la atención hacia lo profundo de nosotros, por debajo de los guiones y las definiciones, hacia el núcleo.

De maneras misteriosas, y a veces indeseadas, nuestra historia particular también expresa exactamente lo que tenemos que afrontar si queremos profundizar en nuestra experiencia de vida. Cuando reconocemos lo que revela el impulso esencial de nuestra vida, podemos empezar a ver que la actual versión de nuestra historia también nos ofrece la sabiduría esencial que necesitamos para poder evolucionar hacia la fase siguiente. A veces nuestras historias son despiadadas por su insistencia en lecciones particulares. Cuando estamos dispuestos a retirar los juicios de aspectos particulares de nuestra historia, aunque sean legítimos, tenemos la oportunidad de aprender de una manera fresca e inesperada. Ese aprendizaje no es obstaculizado por las definiciones de lo que es correcto o equivocado, aunque se trate de elementos esenciales de la historia.

Dar un paso atrás y contemplar tu historia desde una perspectiva más amplia puede ayudarte a no enredarte en ella. Personalmente, en un momento dado de saturación con mi propia historia, tuve que dejar de formular su guion y de creérmelo. ¡Tenía que descansar de mí misma! En ese descanso me di cuenta del lío que seguía produciendo por mi manera de definirme y de definir a los demás. Podía aprender de mis errores y empezar de nuevo, pero primero tenía que dejar de llorar. El llanto se detiene inmediatamente cuando ninguna historia lo evoca.

Ese momento nuevo estaba disponible para que yo aprendiera a vivir con más integridad y con más bondad, pero finalmente su enseñanza esencial fue que, para descubrir cualquier cosa de manera nueva, hay que soltar todas las definiciones de lo conocido.

Toda historia es el registro de nuestras alianzas y conflictos con las historias de otros. Nuestra historia humana es la prueba de la fragilidad y de la falta definitiva de fiabilidad de las definiciones con las que hemos vivido. Los enemigos se convierten en aliados y después vuelven a ser enemigos en el plazo de una década. Los imperios explotan y colapsan; matrimonios amorosos acaban en divorcio; las religiones de paz se convierten en excusas para la guerra. Nuestra historia humana también apunta hacia lo que prevalece, independientemente de nuestras locuras y de nuestra complicidad con el horror. La vida consciente sigue estando aquí. En ti y en otros, al margen de la construcción o de la destrucción, la vida permanece.

«El traje del emperador» es un cuento didáctico que nos ayuda a descubrir nuestra propia desnudez. En este antiguo relato, unos sastres famosos engañan al emperador haciéndole creer que lleva un traje tan refinado que solo aquellos de inteligencia y valía superiores son capaces de verlo. Por supuesto, él mismo no ve ningún traje, pues no lo hay. Pero, como no quiere parecer un inútil, pretende verlo. Finge maravillarse de la belleza que lo cubre y decide desfilar ante sus súbditos. Se propagan rumores sobre estos ropajes que solo los mejores pueden ver. Cuando el emperador desfila, gentes de todas las procedencias fingen admirar el traje nuevo del emperador, que pasea desnudo por la ciudad. Solo un niño pequeño, inconsciente de las consecuencias de ser juzgado como alguien inferior, se atreve a decir: «¡El emperador está desnudo!». Este se estremece, pues en algún lugar muy profundo de sí mismo sabe que es así, pero disimula rápidamente su reacción y continúa su glorioso desfile con su esplendoroso traje inexistente.

Si somos capaces de reconocer las historias que entretejemos y de aceptar que no tienen sustancia real, estaremos más cerca de nuestra verdad inocente. Podremos entender que estamos atrapados en la creencia de que la historia de una cosa es la verdad de ella. Podremos reconocer que hasta la historia más imponente puede desmontarse. Podremos estar dispuestos a seguir el hilo incómodo de nuestro estremecimiento interno hasta alcanzar la verdad de nuestra desnudez.

En ese momento de nuestra historia, tendremos la capacidad de ser conscientes de las que se nos han enseñado y de cómo nos definen, así como de las historias que hemos creído a pie juntillas sobre quiénes son los demás. Entonces estaremos dispuestos a permanecer desnudos ante nosotros mismos y a responsabilizarnos del resultado. Podremos maravillarnos al descubrir que las historias de otras personas antes demonizadas, consideradas enemigas, son tan hermosas y tienen tantos niveles como las nuestras. Maduramos cuando nos damos cuenta de que algunas de las historias atesoradas como fundamento de nuestra cultura, en realidad, son endebles e insustanciales, y a veces absolutamente falsas.

La verdad y la historia que definen a una generación pueden falsearse en la generación siguiente. Las historias que celebran la libertad y la revolución contra la tiranía pueden volverse sobre sí mismas y convertirse en historias de los reinos del terror.

Reconocemos que la historia tienen un lugar en nuestra carne y en nuestras emociones. De este reconocimiento nace la capacidad de elección. Escogemos continuar con la historia que nos han transmitido o rebelarnos contra ella. Naturalmente, nos emociona comprobar que podemos elegir vivir otra historia con la que nos sentimos más alineados. Y aún tenemos otra opción: podemos soltar todas las historias. Podemos experimentar lo que significa no ser nadie, lo que significa renunciar incluso a nuestra identidad primaria.

Por debajo de todas estas historias, es posible experimentar ese núcleo profundo de nuestro ser que no tiene historia, ni sexo, ni padres. Desnudo. Esa presencia no está obstaculizada por las relaciones, y no tiene pasado ni futuro. En el núcleo de nuestro ser, somos libres de definiciones. Al no estar obstaculizados por estas, nos experimentamos a nosotros mismos como inteligencia consciente de sí misma, como espacio abierto e interminable. Ese instante, en el que quedamos liberados de la historia, es un instante de libertad. Porque, aunque nuestra historia esté llena de luz y belleza, en la medida en que nos define, nos resta libertad.

Después de experimentar un momento así, las historias nunca vuelven a ser iguales que antes. Pueden estar presentes, y probablemente lo estarán, pero ya no tienen la capacidad intrínseca de definir nuestra realidad. Disponemos de una riqueza interna que ya no está potenciada ni limitada por sucesos internos o externos particulares. Aunque la personalidad de cada individuo continúa, y también las historias, la conciencia subyacente, el verdadero yo, ha vuelto a casa, a sí mismo.

Solo después de un momento así, tenemos elección. Cuando no nos dejamos cegar por las historias que se han creado para nosotros, ni por las historias que originamos, apreciamos la inmensidad misteriosa que está presente, como en una holografía, en cada momento de cualquier historia. En cualquier versión de la historia que hayamos vivido o creído, podemos descubrir lo que es y lo que siempre ha estado aquí. Cada uno de nosotros es capaz de tomar cualquier historia del propio pasado y descubrir el tesoro que ha quedado escondido en ella por haber creído ciegamente en las estrechas suposiciones del momento. Entonces apreciamos las historias como despliegues de la vida multidimensional que se expresa a sí misma en todas las formas.

¿Cuál es el marco o el contexto de tu vida? No sabes cómo acabará tu historia, pero en este punto puedes descubrir de qué va. Puedes preguntarte cómo se expresa tu sentido de identidad interno, o cómo no se ha expresado, en la estructura y en el mensaje de tu historia vital.

¿Cómo encaja un éxito o un fracaso particular en toda la historia de tu vida? Tendemos a enfocar eventos particulares y a magnificarlos, pero, si los consideramos parte de una continuidad, podemos ver la trayectoria de nuestro recorrido vital. Esta manera de ver no implica un intento de controlar la historia. Más bien es una invitación a decir la verdad de lo que te ha enseñado hasta ahora. A reconocer cómo encaja dicha historia en el contexto mayor de lo que ahora es importante para ti como ser humano; a descubrir cómo la conciencia y la indagación amplían, profundizan y expanden de manera natural tu historia, permitiéndole mostrarte con precisión lo que tienes que aprender. Tanto las historias arquetípicas como las banales acaban enseñándonos algo. Investiga qué enseña tu historia. Independientemente del momento vital en el que te encuentres —al principio de tu vida, en la que esperas que sea una extensa parte media o cerca del final—, pregúntate a qué relato mayor contribuye tu historia personal.

El simple hecho de volvernos más conscientes de las historias que vivimos, con sus infinitos guiones y subguiones, empieza a despertarnos. En el sueño lúcido, tomamos conciencia de nosotros mismos como si estuviéramos tanto dentro de la historia soñada como fuera de ella. En el vivir lúcido, como en el soñar lúcido, ya no estamos tiranizados por las historias que circulan dentro y alrededor de nosotros. Podemos enfrentar directamente al demonio de la pesadilla; también podemos disfrutar del momento extático del sueño de volar. Cuando nos afrontamos a nosotros mismos en nuestras historias, tenemos espacio para adquirir perspectiva. Podemos dar un paso atrás y ver nuestra historia personal como parte de una totalidad.

¿Cuál es tu historia? La descubres al tomar conciencia de lo que te cuentas a ti mismo una y otra vez. Percibe lo que te cuentas sobre tu pasado, tu presente y tu futuro. Para tener un impacto duradero, nuestras historias tienen que contarse una y otra vez. Todas tienen un guion. El guion es lo que te cuentas a ti mismo por medio de pensamientos e imágenes, junto con las emociones que los acompañan. ¿Cuál es tu guion? Puedes revisarlo ahora mismo. Tiene que resultarte familiar. Es natural que, como animales humanos dotados de capacidades cognitivas, produzcamos el guion de nuestras historias y hagamos un seguimiento de él. Ciertamente, no es un error hacerlo, pero es limitante. Restringe la atención a los sucesos, que siempre están cambiando. Para detectar hacia dónde se dirige tu atención, descubre lo que sueles decirte a ti mismo. Escucha tu guion mientras suspendes tu creencia en él.

Hay un gran poder misterioso en el reconocimiento de tu vida como una historia de aprendizaje. Este libro no se propone enseñarte a crear tu versión de la realidad. Ya estás haciendo eso con tu narración interna. Es una invitación a quedarte callado y a no identificarte con los sucesos que aparecen dentro y alrededor de tu conciencia. En esta quietud, hay una revelación que es imposible de discernir si tu atención está atrapada por el ruido de la identificación. Esta revelación no te otorga un mayor poder para crear una historia mejor. Es más grande que eso. El poder de la revelación puede tomar los eventos de tu vida *tal como son* y mostrar que son esenciales para tu despertar y que son tu contribución al despertar de toda la humanidad.

Este poder hace que el guion cambie. En lugar de limitarse a *ti,* pasa a guardar relación con *todo.* Este cambio viene acompañado por una profunda rendición. Se presta más atención a cómo se despliega todo. Paradójicamente, cualquier personaje pierde su identidad y, al mismo tiempo, se da una verdadera bienvenida a todos los aspectos de cada personaje.

En las profundas historias de redención, se produce un momento de capitulación a un mandato del ser. Esto no es algo esotérico. El instante de rendición está enraizado de manera muy concreta en todos los que viven vidas satisfactorias, como quiera que describan dicha satisfacción. Hay un reconocimiento de algo, sea religioso, artístico, científico o simplemente personal, que no está articulado por el intelecto. Rendirse a ello es rendirse a la conciencia del ser, más que a la estructura condicionada del pensamiento. Con esta profunda y verdadera rendición, la perspectiva de las historias cambia, y el cambio hace que ya no estés velado para ti mismo. Ya no te hallas limitado por las definiciones internas o externas que puedan aparecer en tu historia vital. Todas ellas y las historias, surgen del núcleo silencioso. En la rendición, todas apuntan hacia el lugar de donde vienen y hacia donde vuelven al final. Todo se vuelve transparente desde la luminosidad de tu ser desnudo.

Capítulo 2

MI HISTORIA

Clarksdale, Misisipi

Cuando tenía once o doce años, sentada frente a mi casa en el calor veraniego de Misisipi, sabía que estaba esperando que ocurriera algo. No tenía fe en que ese algo sucediera. Creía, más bien, que estaba atrapada en un lóbrego destino de castigo por algún delito desconocido. Solo sabía sentarme allí y detestar el horror de ser la víctima de mi nacimiento, de mi familia, de mi ciudad y, sobre todo, de mi propia oscuridad.

Si se considera mi situación desde una perspectiva objetiva, en realidad no tenía mucho motivo de queja. Mi familia era presa del alcoholismo, pero mi padre se ganaba bien la vida. Los tres niños teníamos pocas preocupaciones externas. Disfrutábamos de cierto estatus en aquella pequeña comunidad, y siempre había suficiente comida. Éramos libres de deambular por la ciudad, en la sección de los blancos, y de jugar en las orillas del río. En muchos sentidos, era una buena vida.

Pero, por dentro, me estaba derrumbando. El futuro parecía condenado a ser una continuación de aquel infierno.

Podía ver que era fea y tenía defectos, y sentía que no podía evitarlos. Me revolcaba en mi propia desgracia. De hecho, lo hacía tan a menudo que, aunque nunca llegaba a tocar fondo, me cansé. No me sentía querida, y estaba harta de considerarme indigna de amor. Tampoco me sentía vista, y estaba harta de no ser lo. ¡Quería amor! ¡Quería ser vista! Cierta inteligencia me hizo reconocer que, cuanto más abundaba en mi desgracia, menos amada y menos vista me sentía. Entonces tomé la decisión consciente de conseguir amor y reconocimiento.

Por entonces, a mediados de los años cincuenta, proliferaban los consejos para las muchachas que buscaban amor y atención. Encontré una serie de libros que me enseñaron a actuar, a relacionarme con los demás y a tener el mejor aspecto posible. Los estudiaba con fervor cada noche. Pronto empecé a sonreír a la gente y a recordar sus nombres. ¡Funcionó! La gente me sonreía, y me sentí más querida.

Cuantas más sonrisas intercambiaba, más querida me sentía. Por supuesto, mi sonrisa no siempre provocaba otras sonrisas y, cuando esto ocurría, volvía a toparme con mi desdicha interna. No obstante, el éxito me animó y los reveses ocasionales me prepararon para las derrotas.

Aprendí a agradarme a mí misma agradando a otros. Descubrí que casi todo el mundo quiere a la gente agradable, de modo que me esforcé por gustar. Era un trabajo agotador. A menudo padecía insomnio y, cuando conseguía dormir, irregularmente, tenía pesadillas. Mi cuerpo siempre estaba agotado y tenía miedo de sufrir alguna enfermedad horrible que condenara al fracaso mi esfuerzo por ser feliz. Mi sistema nervioso estaba alerta para detectar signos de éxito o fracaso.

Pero, a pesar del agotamiento, había salido de la acera situada frente a mi casa. Por más que sintiera la bestia a mis espaldas, estaba corriendo hacia delante.

Llegué a ser muy popular. Y esto me proporcionó suficiente seguridad para desarrollar una personalidad auténtica. Estaba lejos de ser una santurrona. También era lo bastante valiente como para declararme en desacuerdo con algo cuando lo estaba, y a menudo desobedecía las normas escolares. Era lo suficientemente indómita para divertirme y pasármelo bien. Y si a veces me tambaleaba cuando el chico con el que salía me sorprendía en alguna situación incómoda con mi madre borracha, bueno, eso ocurría porque me divertía saliendo con chicos. Tenía buenas amigas y, gracias a su amor, ya no eché tanto de menos el de mi madre. Obtenía buenas notas en la escuela para agradar a papá, y así me enamoré del proceso de aprendizaje. Fue un tiempo de bendiciones. Sin iluminación ni reflexión interna, solo era un placer superficial, pero había mucho placer. Me regodeé en él.

Ole Miss, la Universidad de Misisipi

Después fui a la universidad y tuve un brusco despertar. En la década de los sesenta, la Universidad de Misisipi (Ole Miss) era una preciosa institución provinciana. En 1962 se hizo famosa por los disturbios estudiantiles en contra de la integración de los afroamericanos. Pero, en comparación con Clarksdale, era muy urbana. Apenas conocía a nadie y no era lo suficientemente guapa como para llamar la atención. Por doquier había gente más guapa y más inteligente que yo. Estaba en una buena hermandad, tenía amigas, pero había perdido el estrellato. Mis años de gloria acabaron abruptamente.

En aquel tiempo detesté este final. Pero ahora puedo ver lo afortunada que fui. Me sentí desilusionada con respecto a mi capacidad para crear mi propia felicidad. Fue una desilusión dolorosa y profunda. Abrió mi atención y mi energía a cuestiones que nunca habría considerado si mi éxito anterior hubiera continuado. No me di cuenta de ello en el momento, pero la pérdida de mi anterior posición preparó el camino para algunas de las experiencias más esenciales de mi vida.

A una interesante amiga de fuera del estado la divertían mis modales pueblerinos, pero la horrorizaba la cerrazón mental que los causaba. Tuvimos muchas conversaciones estimulantes, distintas de las que había tenido hasta entonces. Ella cuestionó mi racismo, mi esnobismo y, en general, mi mentalidad insular. Me presentó a un profesor de historia que cambió mi vida. También me convenció para tomar una clase de religión que fue como un terremoto para mis creencias episcopalianas. Empecé a crecer.

Como no era especialmente popular, mi vida social requería mucho menos tiempo. Lo dediqué a ampliar mi visión del mundo. Descubrí que las creencias racistas que me habían inculcado no eran algo fijo, y empezaron a caerse. Me identifiqué con un grupo de renegados, casi bohemios, que mi amiga me presentó. Empecé a disfrutar de la libertad del anonimato y sentí que mi nueva identidad era superior a la que había lamentado perder.

Entonces, alguien me rompió el corazón. Inicialmente me resistí a sus avances, pero, en un momento de libertad inducida por el alcohol, acepté. Durante un breve tiempo estuve felizmente enamorada. Después él pasó a la siguiente conquista y yo me quedé con mi fealdad y con la sensación de no ser digna de amor. Este fue el paso siguiente hacia el infierno que había experimentado al comienzo de la pubertad. Reconocí que los avances realizados, fueran sociales o intelectuales, nunca podrían salvarme del abismo de mi yo secreto. Volvió el insomnio, empecé a esforzarme por conseguir placer y busqué una manera segura de vivir mi vida.

Para una joven de dieciocho años, condicionada por las costumbres del Sur a comienzos de los años sesenta, la seguridad consistía en un buen matrimonio. Con esto en mente, conocí a un chico maravilloso e inteligente que estudiaba medicina. En el plazo de un año, nos enamoramos, y yo llevaba su insignia de la fraternidad (señal de una relación estable). Teníamos una conexión profunda y yo estaba segura de que él me salvaría. Mi vida se simplificó. Cuando marchó de Ole Miss a la Facultad de Medicina, yo continué estudiando con vigor. Mi amor por el aprendizaje aumentó y me sentía muy satisfecha. Solo que a veces, en medio de la noche, se colaba en mi conciencia un sentimiento enfermizo y desolado. Por suerte, o eso pensaba entonces, tenía cerca de mi cama un pequeño bote de píldoras que me habían recetado a los seis años. A esa edad había experimentado unas terribles sensaciones de salir del cuerpo. La «cura» racional para este tipo de fenómenos en aquel tiempo era el Fenobarbital. Podía tomar una de esas píldoras y, gracias a Dios, dejar de ser perseguida por mis demonios personales. Las usé periódicamente desde los seis años hasta casi los treinta.

En este momento de mi vida ya no establezco un juicio de valor con respecto al uso de esas píldoras. Me ayudaron cuando no había otra ayuda disponible. Los medicamentos de todo tipo tienen su momento y su lugar.

Memphis

Después de licenciarme en la universidad y de un año de estudios de posgrado, tuve una gran boda gloriosa, como correspondía, puesto que me casaba con un hombre de muchos méritos y estatus. Con felicidad y llena de esperanzas para el futuro, me acostumbré a la vida de esposa de un estudiante de medicina. Enseñé inglés e historia en los dos últimos cursos del bachillerato en un instituto de enseñanza media. Enceraba el suelo de nuestro dulce y modesto apartamento, planchaba hasta sus camisetas y esperaba que llegara el momento adecuado de tener un bebé. Sin duda un bebé culminaría mi trayectoria hacia la seguridad. La vida de casada era una novedad y esperaba hacerlo tan bien como para encontrar la felicidad definitiva.

Los cuentos de hadas no se cumplen, o al menos no tal como los imaginamos. En mi inocencia, continué creyendo que podría combinar los componentes correctos y que llegaría a tener una vida realmente feliz. Los combiné. Tenía un buen marido y la vitalidad de la juventud. Después tuve una niña preciosa. La niña supuso la primera conmoción en este sueño perfecto. Ella era una persona, no solo la realización de mis versiones narcisistas de mí misma. Interrumpía mis necesidades con las suyas. Confirmó mis creencias latentes de que no era lo suficientemente buena. Estaba fracasando como madre. Imaginaba que ella me atravesaba con la mirada y me acusaba de ser un fraude. La realidad de la vida causó un agujero debajo de mi línea de flotación. Mi incompetencia acabó con mi sueño de ser la «madre perfecta», y también quedaron expuestas otras áreas de mi vida supuestamente ideal. La inicial pasión juvenil que había sentido por mi marido desapareció, y empecé a fingir.

Fingía tan bien que una vez más empecé a sentirme agotada y consumida por la hipocondría. Llegué a insistir en que mi marido me hospitalizase a causa de una gripe para sentirme segura en la cama del hospital, sin responsabilidades que afrontar. ¡Vaya lío! Y esta vez tenía muy claro que yo era la única responsable. Mi hija era brillante e inteligente, y yo la quería. Mi marido era feliz y se sentía satisfecho con su trabajo y su vida hogareña, y yo lo valoraba y lo respetaba profundamente. Era desgraciada y no podía culpar a nadie.

San Francisco

Finalmente, el lío no pudo mantenerse más. Cuando mi hija tenía cuatro años y la familia se trasladó a San Francisco, le conté a mi marido que me sentía desdichada. Él se quedó conmocionado, y con razón. En su inocencia, había supuesto que todo iba bien. Teníamos discusiones como las tienen todas las parejas, pero mi abandono del matrimonio fue una sorpresa dolorosa para él. Yo solo sentía que tenía que escapar, y experimenté un gran alivio al poder decirle la verdad y al decírmela a mí misma. Inmediatamente empecé a ser mejor madre y una mejor amiga para el que pronto sería mi exmarido. Dejé de vivir en la mentira.

Experimenté una nueva exuberancia en mi existencia. Había dejado de vivir como me habían dicho que tenía que hacerlo. Me sentí renacer. ¡Y renacer en el San Francisco de 1972! Ahora, la vida brotaba por doquier. Las antiguas maneras de vivir, con viejas reglas y viejas ideas sobre la felicidad, quedaron descartadas como ropas gastadas. Era libre de estar con gente distinta de la que antes había conocido. Como había largas listas de espera para futuros profesores, acepté un empleo de camarera que me encantó. Mi hija estaba en preescolar en una escuela cooperativa de North Beach, y los demás padres vivían vidas que nunca habría podido soñar en mi acera de Misisipi.

Fumábamos mariguana y tomábamos mescalina y LSD. Nos llamábamos mutuamente «hermano» y «hermana», y lo creíamos. El mundo espiritual tenía más significado y sustancia que el supuesto mundo real. ¡Qué tiempos! Saboreé la libertad. Reconocí y experimenté dimensiones que estaban fuera de mi precaria vida anterior. Medité, canté y fui a visitar gurús exóticos. Era maravillosamente embriagador. No lo habría cambiado por nada. Y, sin embargo, finalmente se reveló como inadecuado para borrar el viejo demonio del odio hacia mí misma.

Después de algunos años y de muchas experiencias, reconocí que aún me sentía sola. Seguía esperando algo que no podía nombrar. Tras un matrimonio monógamo y monótono, había disfrutado de tener muchos amantes. Ahora me sentía vacía y anhelaba una relación estable y verdadera. Lo que había conseguido en mi intento de escapar no me llenaba. Otra vez estaba atascada conmigo misma.

Bolinas

Mi exmarido tenía una casa en Bolinas. Allí vivía mi hija, y él y yo convivíamos con ella, alternándonos durante diferentes partes de la semana. Era una casa simple, pero la belleza natural del lugar era asombrosa. Estaba situada en unos acantilados sobre el océano Pacífico, a solo un paseo del pueblo y de la playa. Por aquel entonces, el pueblo era principalmente un enclave *hippy* y de rancheros. La belleza del paraje era equiparable al entusiasmo de sus habitantes, que reconocían la buena suerte de vivir en aquel lugar, rodeados de gente tan variada y con tanto talento. Se organizaban bailes, encuentros para tocar tambores y festivales. Había lecturas de escritores y poetas famosos, casi famosos y famosos en ciernes. Tampoco faltaban las clases de salud; salíamos a recoger hierbas, y contábamos con un médico y un dentista alternativos. Era un buen lugar para crecer y para experimentar; el sitio perfecto para mí en esa nueva fase de desilusión.

Mi hija acudía a una escuela alternativa y centrada en los niños, y tenía un maravilloso poni shetland. Cuando yo estaba con ella en Bolinas, hacía fotos que después eran criticadas en las clases de fotografía que estaba tomando en San Francisco. Hice muchos retratos de mi hija y míos. Ahora, cuando los veo, noto el contraste entre las dos. Por un lado, aparece una niña que está creciendo, preciosa y fogosa; por el otro, una mujer solitaria que exhibe una desesperación de la que solo es vagamente consciente.

De lo que sí era consciente era de la ausencia de un compañero, y empecé a soñar con la pareja perfecta. Esta vez él sería exactamente lo que yo necesitaba y me salvaría de mi soledad. Cuando me preguntaba qué deseaba, me imaginaba a un tipo alto, nórdico. Visualizaba mi nueva familia varias veces al día: mi hija, mi nuevo hombre y nuestro nuevo bebé. No me daba cuenta de que estaba repitiendo el patrón anterior; buscaba refugio exactamente del mismo modo. Me parecía que esta vez iba a ser diferente porque las experiencias extremas vividas me habían cambiado. No tenía el mismo aspecto externo ni era la misma persona, excepto algunas noches, cuando la lobreguez venía a visitarme.

Eli llegó a mi vida inesperadamente. No se parecía en nada a mi visualización de la pareja perfecta. Era más joven y más indómito que yo. Y era más moreno que nórdico. No le interesaba el matrimonio, ni siquiera una relación comprometida. Era extremo en su personalidad y no ofrecía ninguna seguridad. Me enamoré de él profundamente. Sentí que me abría a reinos irresistibles. Era una fuerza desconocida para mí, superior al poder de mi imaginación, y me rendí al amor que sentí.

Los principales intereses de Eli eran la verdad y la libertad. Para que él tuviera por mí algo más que un interés pasajero, sus inquietudes también tenían que ser importantes para mí. Yo había pronunciado las palabras *iluminación, paz* y *verdad,* pero, en realidad, esas palabras pertenecían al estilo de vida que estaba viviendo. Me gustaba la idea de la iluminación y trataba de ser una buena persona, a pesar de la maldad que sabía que tenía dentro; pero no tenía ni idea de prácticas y disciplinas, y tampoco sabía cómo satisfacer las demandas del ego. Poco antes había empezado a meditar durante veinte minutos dos veces al día, pero no era una experiencia feliz para mí. Aunque usaba un temporizador, durante la «meditación» miraba para comprobar si se había roto. ¡Qué largos pueden ser veinte minutos! Me convertí en alumna de Eli y también en su amante. Él estudiaba taichí, de modo que yo estudié taichí. Él leía a Lao Tse, de modo que yo también lo leí. La mariguana se convirtió en un sacramento sagrado: la fumábamos para abrir nuestros corazones y expandir nuestras mentes. Antes de Eli, la mariguana había sido como el vino para mí, otra sustancia placentera. Nos sentábamos en silencio durante largo rato; hablábamos en profundidad de la posibilidad de ser libres de nuestros deseos individuales y de servir al todo. Preparábamos grandes comidas juntos y no parábamos de reír; fue un tiempo maravilloso.

Los años pasaron. Con trece años, mi hija se fue a Berkeley para vivir con su padre y su nueva esposa. Después de eso, Eli y yo nos trasladamos a Mill Valley y nuestros días despreocupados y mágicos de Bolinas llegaron a su fin.

Mill Valley

Era el momento de volver al mundo normal. A estas alturas yo ya me había convertido en una acupuntora de éxito y Eli estaba preparado para abrir una consulta de neurolingüística. Habíamos abandonado nuestras prácticas ardientes y fantásticas del budismo tibetano y convertido en una versión californiana de las personas convencionales. Yo era feliz. Eli y yo seguíamos teniendo algunas diferencias esenciales, pero nuestra relación de pareja estaba viva, había pasión y compañerismo. Mi hija estaba floreciendo en su nuevo entorno y nos visitábamos los fines de semana. Para mi sorpresa, descubrí que este nivel de felicidad no era suficiente.

Ya no me sentía satisfecha con alcanzar mi objetivo de tener una vida extremadamente placentera. Por debajo de la felicidad y del éxito había un profundo anhelo. Era diferente de mis antiguos gritos por escaparme o por encontrar a un hombre; este anhelo no estaba formulado. No tenía un objeto adherido a él, pero lo sentía en el tuétano de mis huesos. Si me mantenía ocupada, generalmente podía conservarlo por debajo de la superficie de mi experiencia consciente, y se reducía durante los viajes a Maui.

Maui

Después de vivir durante siete años una buena vida en Mill Valley, nos trasladamos a Maui. Habíamos seguido con nuestros objetivos espirituales, asistiendo a retiros de meditación, leyendo obras de maestros vivos y muertos y descubriendo el poder del eneagrama. Pero nos sentíamos agotados por las exigencias de nuestra vida materialista. Cuando visitábamos Maui, siempre nos relajábamos profundamente. Sentíamos que, si nos trasladábamos allí, seríamos más fieles a nuestras intenciones profundas de verdad y de paz. Trece años después de empezar a vivir juntos, cuando llevábamos un año residiendo en Maui, resolvimos nuestra diferencia fundamental con respecto a la monogamia y nos casamos. Un año después, Eli se sintió llamado internamente a ir a Oriente en busca de un verdadero maestro. Mientras estaba lejos, permití que mi anhelo interno saliera a la superficie, y me di cuenta de que lo que anhelaba era ser libre de mí misma, o de lo que pensaba que yo era. Anhelaba ser libre de mi persistente y recurrente implicación conmigo misma.

Mientras estaba en India, y gracias a una serie de sucesos milagrosos, Eli se encontró con Sri H. W. L. Poonja, llamado afectivamente Papaji, y se puso a sus pies. Me escribió cartas de dicha y realización y después vino para llevarme a conocer a este maestro. El encuentro con él supuso el final de la vida que yo había conocido. Reveló finalmente la consumación de mi anhelo. Después de Papaji nada volvería a ser igual.

Haridwar y Lucknow, India

Nunca había deseado viajar a India, y juzgaba con dureza las escenas de gurús de las que había sido testigo en los años setenta y ochenta en Estados Unidos. Había imaginado el entorno estético de un templo zen o la prístina belleza de Maui como el lugar donde encontrar respuesta a mis misteriosos anhelos. Pero, antes de que Eli saliera a realizar su búsqueda, ambos nos habíamos dado cuenta de que nuestra realización espiritual exigía un verdadero maestro. Sabíamos que habíamos hecho todo lo que podíamos por nuestra cuenta. Habíamos rezado pidiendo un verdadero maestro, y en mi primer encuentro con Papaji lo reconocí como tal.

Sus ojos, su sonrisa y su cálida bienvenida me abrazaron hasta el tuétano de los huesos. De pronto supe con seguridad que estaba donde debía estar para descubrir lo que tenía que descubrir. Cuando me preguntó por qué había ido a verlo, le dije: «Libertad».

Él dijo: «Bien. Estás en el lugar adecuado. Ahora no hagas nada. Aquiétate».

Al día siguiente, Eli, cuatro o cinco discípulos franceses y yo nos encontramos con él. Escuché con cuidado mientras distintas personas planteaban sus preguntas. Él respondía de maneras específicas en función de quién preguntara, y sus respuestas alejaban la atención del diálogo interno y la dirigían hacia el espacio interminable donde se originan todos los diálogos internos.

Hacía calor en la habitación, que estaba pegajosa y húmeda, pero curiosamente me sentía elevada y en paz. Notaba curiosos sonidos y olores procedentes de la calle próxima, pero la habitación estaba llena de luminosidad. Mi cuerpo se fue relajando más y más y, después de aproximadamente una hora, planteé mi pregunta:

—¿Qué necesito para ser libre?

—Detente. Detenlo todo —respondió él—. Entonces te darás cuenta de que tú eres la libertad que has estado buscando.

Me quedé anonadada. Seguramente había alguna práctica esotérica que podría hacer. ¿Quizá algún modo de librarme del ego? ¿Algún encantamiento místico? ¿Algo? Nunca había considerado la posibilidad de *parar*. A medida que, a lo largo de los próximos días, fui dejando que esta instrucción entrara en mi conciencia, aparecieron distintas emociones, principalmente miedo. Cuando no me «dejaba arrastrar» por el miedo, este se disipaba y en su lugar quedaba lo que podría describir como una espaciosidad amable. A veces aparecían emociones y sentimientos que me eran familiares, aunque no podía categorizarlos. Si luchaba mentalmente contra ellos o les daba significado, nuevos pensamientos los seguían y sentía más angustia. Si me *paraba*, los pensamientos se detenían y los sentimientos se movían o desaparecían.

Un día Papaji me preguntó: «¿Quién eres tú?». Enseguida supe con toda certeza que era esa espaciosidad de la que surgían los pensamientos y las emociones, esa misma espaciosidad que permanecía cuando los pensamientos y las emociones desaparecían. El instante de este conocimiento perfecto pasó mientras prestaba atención al pensamiento: «¡Esto es! ¡Ahora lo tengo!».

Pero la identificación con los pensamientos y las emociones había empezado a deshacerse.

Después de algunas semanas y de muchos momentos de belleza y gracia, así como de dolor y terror, llegó el momento de volver a Maui. Papaji me dio el nombre de Gangaji y me pidió que compartiera mi experiencia con aquellos que se sintieran interesados. No tenía ni idea de cómo podría ocurrir eso, pero él me aseguró que todo se desplegaría sin esfuerzo.

Después de salir de Haridwar y de volver a casa, empecé a escribirle como mínimo una vez al día. Él respondía muchas de mis cartas con emocionantes confirmaciones, y siempre inspirándome a profundizar en la indagación. Una noche, mientras estaba con Eli, que dirigía uno de sus grupos en Esalen, un trueno rugió y traspasó mi conciencia. En un instante desapareció toda duda con respecto a mi verdadera identidad. Reí hasta llorar. A la mañana siguiente llamamos a Papaji, pero yo apenas podía hablar. Eli seguía gritando por teléfono (tenías que gritar cuando llamabas a India en aquellos tiempos): «¡Ella lo ha conseguido! ¡Lo ha conseguido!».

El mundo

Hubo otros viajes a India. Visité a Papaji varias veces en Lucknow; el número de estudiantes y discípulos que lo rodeaba iba en aumento. Cada ocasión era única, y él continuaba confirmando y cuestionando lo que yo había reconocido. Me pidió que fuera de puerta en puerta y que hablara a la gente, y durante los últimos veinte años eso es lo que he hecho. Sin la gracia de su presencia y la claridad de su espada de indagación, aún seguiría deambulando por los reinos celestiales e infernales, buscando la felicidad y evitando el anhelo fundamental de mi corazón. Él es mi gurú, el revelador de luz. Le debo el descubrimiento de la verdadera realización.

Desde mi tiempo con Papaji, el mundo ha sido mi hogar. He visitado y he vivido en muchos lugares maravillosos. Me siento en casa tanto en Maui como en Bali, Tailandia, India, Australia, Nueva Zelanda, Escocia, Irlanda, Inglaterra, Alemania, Suiza, Austria, Hungría, España, Japón o México. En muchos estados de mi país natal, Estados Unidos, y sí, también en Clarksdale, Misisipi. El anhelo, que parecía tan lóbrego cuando tomé conciencia de él por primera vez, ha revelado la dicha de simplemente ser. Cuando dejé de escapar del anhelo, o de intentar taparlo o cambiarlo, pude afrontarlo directamente y descubrir lo que es. El anhelo lo era de resolución. Encontrarse con las cosas directamente es indagación directa. La indagación directa revela la verdad. La verdad está aquí y siempre ha estado aquí. Inicialmente puede parecer fea o atemorizante, pero su núcleo es sólido y luminoso. Es quien yo soy. Es quien tú eres.

Antes de descubrir, a través de la guía y de la gracia de Papaji, la facilidad de simplemente ser, de no ser nadie en particular, tuve una vida privilegiada, vivida sobre una base de sufrimiento interno. Tras este descubrimiento del fundamento de la espaciosidad infinita y de la paz, vivo una vida indescriptible. Disfruto de los privilegios que tienen garantizados quienes viven en una sociedad libre, y tengo el extraordinario privilegio de descubrirme a mí misma en todas las personas que conozco. Al principio no siempre me gusta lo que veo o siento. Pero, al estar dispuesta a afrontar lo que surja, descubro el radiante misterio de la vida, viviéndose a sí misma prístinamente a través de todas las formas.

Ahora

Aquí y ahora sigue habiendo una historia, pero no es la que una vez pensé, o esperé, o temí que fuera. En esta historia surgen emociones, algunas agradables, otras desagradables. En esta historia ocurren sucesos deseados y no deseados. Hay elogios y menosprecios. Hay tranquilidad y sensaciones molestas. Hay victorias y hay derrotas, como en cualquier otra historia. Esperaba que algún día se acabaran las derrotas, la infelicidad y la incomodidad. En ese reino de elevación imaginario, esperaba encontrar la dicha eterna. He descubierto es que esa esperanza no es necesaria. Lo que siempre está aquí, independientemente de todo lo demás que también esté aquí, es más que suficiente para sentirse profundamente realizado.

Temía estar condenada a sufrir la existencia neurótica de los que nunca se sienten satisfechos. Ese temor era el compañero de mi esperanza. Como no necesito la esperanza, el temor no se ha podido mantener.

Cualesquiera que sean las emociones, los sucesos o los estados presentes, en el núcleo siempre está la espaciosidad de ser. Permitiéndolo todo, afrontándolo todo. La espaciosidad era inimaginable para mí cuando intentaba rescatar o escapar. Cuando dejé de hacer la guerra, hubo paz. Cuando paré, fue evidente que la desdicha que me había perseguido originalmente en Clarksdale, Misisipi, era siempre, en su núcleo, la expresión natural de mí misma en lucha contra las diversas definiciones impuestas sobre ese yo. Como no tengo necesidad de definirme a mí misma, soy libre.

Capítulo 3

«EL TESORO ESCONDIDO»: UNA HISTORIA DIDÁCTICA

Al leer o escuchar historias de aprendizaje, generalmente, se aconseja que veas un aspecto de ti en cada personaje. De manera parecida a como ocurre en un sueño, en realidad tú eres todos los personajes. Y también como en los sueños, todo es al mismo tiempo literal y simbólico.

Un hombre laborioso y concienzudo vivía con su esposa y sus hijos en un pueblecito. Para poder darles una buena vida y ahorrar para el siempre incierto futuro, a menudo viajaba a distintas localidades. Trabajaba duro y le pagaban bien. Era capaz de ahorrar la mitad de sus ganancias, y después de muchos años llegó a acumular una pequeña fortuna.

Tal vez el único fallo de este hombre era que no confiaba plenamente en su esposa en asuntos de dinero. O tal vez sabía demasiado bien cómo ella lo gestionaba. Por el motivo que fuera, él mantenía sus ahorros escondidos en un lugar secreto, y nunca le dijo que tenía más dinero del que le daba para administrar en la comodidad de su hogar.

La familia era feliz. Los niños recibían educación en los mejores colegios de la zona y tenían muchas probabilidades de convertirse en adultos felices y responsables. Si bien ocurrian los altibajos habituales de la vida de casados, el marido y la mujer se querían y amaban a sus hijos. La armonía prevalecía.

Entonces golpeó el desastre. Mientras estaba en uno de sus frecuentes viajes de negocios, el marido murió en un extraño accidente. En el populoso y a veces caótico país donde vivía la familia, no era inusual que se formaran hordas peligrosas. Aquel desdichado día, el marido fue arrastrado hacia una multitud de fanáticos religiosos. Estos se descontrolaron, la policía reaccionó con contundencia y, en los altercados que siguieron, murió mucha gente. El marido bondadoso y amoroso, que siempre había cuidado de su familia, murió.

Para empeorar las cosas, en el momento de morir el hombre no llevaba encima ninguna identificación. Lo que había pensado que sería un simple paseo acabó con su desaparición de la historia.

Transcurridas algunas semanas, la familia empezó a preocuparse. Las semanas se convirtieron en meses y después en años. Todo cambió. Como la esposa no sabía que el marido tenía un tesoro escondido, no contaba con ninguna seguridad económica. Su propia familia y la de su marido ayudaron todo lo posible. Pero, a los pocos años, estaban arruinados. Los niños tuvieron que dejar las escuelas y empezaron a realizar los trabajos simples y mal pagados que pueden hacer los niños. Al principio, la mujer se puso a hacer trabajos domésticos para otros, pero pronto se dio cuenta de que eso era demasiado duro para su salud y se limitó a mendigar de los vecinos lo suficiente como para mantener la familia con vida. Después de este infortunio fue muy desdichada, y el futuro parecía aún más lúgubre.

Los niños se quejaban de que la madre no fuera más fuerte y de que fuera incapaz de garantizar su bienestar. Echaban mucho de menos su vida de privilegios. La madre tenía resentimientos hacia el marido por abandonarla en aquella posición —sin saber siquiera dónde estaba o si seguía vivo—, y también hacia los niños por sus constantes quejas. La vida era un infierno.

Sin que esta familia infeliz lo supiera, un antiguo socio comercial del marido estaba tratando de averiguar dónde vivían. Cuando vio que aquel hombre de negocios puntual había incumplido varios compromisos comerciales, se preocupó: temía que su amigo estuviera muy gravemente enfermo, pues, cuando había estado enfermo en el pasado, siempre se había molestado en cancelar cualquier cita a la que no pudiera acudir.

No fue tarea fácil en aquel país tan grande y populoso, pero después de algunos años y de muchas indagaciones, descubrió el nombre del pueblo. Se apresuró a ir en busca de su socio. Cuando llegó a su casa, se quedó conmocionado al enterarse de que llevaba tanto tiempo ausente. Él y la esposa se lamentaron conjuntamente, pues se dieron cuenta de que debía haber ocurrido lo peor.

Después de algunas lágrimas y de tomar el té, el socio miró por allí y se sintió consternado al descubrir aquel estado de pobreza. La esposa y los niños iban andrajosos. Además, parecían enfermos, y en aquella casa apenas había comida.

—¿Cómo puede ser esto? —preguntó a la esposa—. Tu amable marido a menudo me hablaba del dinero que había estado acumulando por si pasaba algo. No es posible que lo gastara. ¡Era una fortuna!

La esposa lo miró con cinismo. Se preguntó si era cruel o simplemente estúpido. Creía sin sombra de dudas que, si hubiera existido una fortuna, ella habría sido informada. ¡Qué podía saber ese hombre que ella no supiera! Ella sabía que todos los armarios estaban vacíos. Las insinuaciones del desconocido la enfadaron mucho y le pidió que se fuera.

Mudo de asombro, se fue, pero volvió a la mañana siguiente y repitió su convicción de que una fortuna permanecía secretamente guardada. Una vez más, enfadada y humillada, e impulsada por su certeza, la viuda lo echó.

Pero él insistió, porque su socio le había contado muchas veces con orgullo lo bien que cuidaba de los suyos, y él sabía que era un hombre digno de confianza.

Los niños observaron que su madre, en la certeza de su tragedia, luchaba contra la historia de redención y abundancia que traía el desconocido. El drama se repetía día tras día. Finalmente, la hija menor, una niñita enferma, preguntó:

—Si él está tan seguro de que el tesoro está aquí, ¿por qué no le pedimos que lo encuentre?

A la madre le pareció una buena manera de acabar con aquel doloroso acoso de su familia: cuando el forastero no fuera capaz de mostrarles la fortuna, tendría que irse.

Para sorpresa de todos, el forastero accedió. Aunque no conocía el escondite del tesoro, sabía que debía estar por allí en alguna parte, y asumió la responsabilidad de encontrarlo. ¡Y a los pocos días lo halló! Simplemente levantando unas pocas planchas en el desgastado suelo de la cocina, descubrió el botín de toda una vida. ¡Otra conmoción para la familia!

El forastero ni siquiera se quedó aquella noche. Desapareció mientras los miembros de la familia se abrazaban entre risas y lágrimas de alegría. ¡Ya no tendrían que mendigar! ¡Podrían comer y comprar medicinas! Los niños podrían ir a la escuela; se podría reparar el tejado. Volvían a tener la posibilidad de un futuro feliz.

Cuando fueron a dar las gracias a su benefactor, porque eso es lo que pensaban de él, descubrieron que se había ido. Sintieron no poder expresarle su agradecimiento, pero su enorme alegría pronto desplazó este pequeño lamento.

Segunda parte

Capítulo 4

INDAGACIÓN: DESCUBRIR TU PROPIA DESNUDEZ

Definir algo es conocerlo, encasillarlo en un significado y adquirir cierto control sobre la experiencia de ello. En el Génesis, Adán nombra a los animales para saber que están separados de él. Conocer a los animales como algo separado da poder a Adán. Indagar en algo es abrirlo, encontrarse con ello y descubrir su significado —o su falta de significado— desde *dentro*. En muchos sentidos, definir algo e indagar en algo son los polos opuestos de la experimentación de esa cosa. Si bien son radicalmente diferentes, se complementan. Cuando las definiciones surgen de la experiencia directa a la que se llega mediante la indagación, la definición señala hacia lo que está vivo. Cuando la definición solo es mental, el objeto definido queda restringido al conocimiento conceptual. Una definición puramente mental puede ser precisa como descripción y, sin embargo, carece de misterio y de poder para maravillar.

No es práctico ni necesario indagar en todas las cosas para descubrir su significado. Las definiciones son regalos útiles de todos los que nos han precedido. Pero, cuando de verdad queremos conocer, una emoción cuya definición sabemos desde hace décadas, ya no podemos confiar en lo que nos han contado. Debemos indagar *dentro* de esta para conocerla directamente por nosotros mismos. Las emociones, los sentimientos de todo tipo y el sentido del *yo* deben ser conocidos desde dentro para descubrir qué *hay* dentro.

Probablemente, la práctica espiritual de la indagación es más conocida en Occidente como una recomendación del sabio indio Ramana Maharshi, que fue el maestro de mi maestro, H. W. L. Poonja. Ramana usó el término *indagación* de una manera fresca e incluyente para *detener* la actividad mental más que para inquirir *dentro* de la mente.

Vi por primera vez la fotografía de Ramana Maharshi en la tienda Shambhala de Berkeley a finales de los setenta. Me fijé en su suave mirada penetrante y eché un vistazo a un libro sobre él. Incluso esa breve ojeada a sus enseñanzas me bastó para reconocer que eran verdaderas. Pero me era ni imaginable cómo lo que él ofrecía de manera tan simple podría encajar en mi complicadísima vida. Parecía una enseñanza o una práctica para eremitas o monjes. También sentí un poco de miedo ante la posibilidad de que, si me atrevía a llevar su sugerencia hasta el final, acabara abocada a la renuncia y la desmotivación.

Por aquel tiempo estaba compartiendo la crianza de mi hija de once años y tenía miedo de sentirme demasiado feliz para cumplir con ninguno de mis deberes. También tenía miedo de perder motivación para atender al suceso emocionante que se había presentado en mi vida bajo la forma de Eli. En la primera fase de nuestra relación, estábamos intensamente involucrados y no quería perderme la oportunidad de profundizar en la pasión y el compromiso.

Lo cierto es que descarté con mucha palabrería la ofrenda de Ramana debido a mi falta de entendimiento basada en el miedo. Hicieron falta doce años más, y el encuentro con mi maestro, para que yo tuviera la valentía de aceptar esta invitación a la indagación. Mis temores estaban basados en la ignorancia. En realidad, tenía miedo de mi propia realización. Siguiendo los dictados de mi temor, pospuse la felicidad duradera y verdadera. ¡Que todos puedan aprender de mis errores!

¿Quién soy yo?, el libro del que hui, es una preciosa transcripción de las enseñanzas iniciales de Ramana, llena de la sabiduría del santo iluminado. Muchos han seguido su consejo y han usado la pregunta «¿quién soy yo?» para dirigir la atención hacia la experiencia del yo. Cuando el yo se experimenta directamente, se descubre que es espacioso y pleno, en lugar de estar limitado a un cuerpo y una mente particulares. La experiencia es asombrosa y liberadora. Aunque, la indagación es más que una pregunta, por más profunda y reveladora que pueda ser.

Se acepta de manera general que indagación significa 'investigación', y esta definición sirve bien al propósito de este libro. Sin embargo, el uso que nosotros hacemos de la palabra *indagación* no alude a la obtención de información, sino a la experiencia directa. La indagación exclusivamente mental resulta seca y formal. Necesitamos la energía y la curiosidad de la indagación de un detective, pero conocemos el resultado de dicha investigación a través de la experiencia, más que a través de la definición subsiguiente.

Tal como usamos el término *indagación*, a la experiencia directa la puede seguir o no cierta información. La experiencia directa no está mediatizada por ninguna información, y sin embargo contribuye a la obtención de toda la que se deriva de ella. La experiencia directa penetra, independientemente de la información que pueda encontrar en su camino. Por ejemplo, es posible que nos dé miedo indagar en las profundidades de nuestra mente. Después de todo, ¡podríamos encontrar cualquier cosa! Pero, cuando valoramos la experiencia directa más que los pensamientos temerosos, dichos pensamientos no nos impiden indagar. Para experimentar algo directamente, tenemos que dejar atrás todos los conceptos previos que tengamos sobre ello.

Por más que se nos hable de alguna cosa, solo cuando la experimentamos de forma directa la conocemos de verdad. Conocemos el significado del calor, del dolor y del fuego mediante la experiencia directa de entrar en contacto con ellos. Se nos puede enseñar que es bueno amar y que es santo mostrar compasión, pero estos conceptos nunca tendrán verdadero significado hasta que sean reales, hasta que sean nuestra experiencia directa. Conocemos un verdadero beso o nos rendirnos a un abrazo cuando los experimentamos directamente. Podemos practicar o imitar el beso y el abrazo durante algún tiempo, tal como podemos practicar o imitar el amor y la compasión antes de tener experiencia directa de ellos.

En la imitación y la mímica recordamos lo que deberíamos hacer o sentir, y después nos pensamos a nosotros mismos a través del acto. «Ahora presiono mis labios, ahora rodeo con mis brazos». En la experiencia directa no hay pensamiento. Si bien el procesamiento de ellos es extremadamente importante en muchos actos del día —dar o seguir direcciones, recordar la hora de una reunión, revisar una lista de la compra, estudiar asuntos complicados, así como miles de otras maneras sofisticadas de pensar—, rendirse conscientemente a cualquier acto o a cualquier momento requiere la suspensión de todo pensamiento.

Rendimos el pensamiento espontáneamente en momentos de asombro o conmoción. Nuestros recuerdos más valorados suelen ser momentos en los que nos sumergimos de forma directa en una experiencia. Paradójicamente, nuestros recuerdos pueden estar imbuidos del sabor de un suceso, pero nunca nos proporcionan la experiencia fresca y directa. Un recuerdo puede evocar las sensaciones físicas y emocionales del suceso. Pero, cuando le añadimos pensamientos y conceptos, ya no se trata del mismo evento.

Podemos pasar buena parte de la vida recordando sucesos, tanto agradables como desagradables, cambiándolos y reordenándolos, ordeñándolos para que nos produzcan sensaciones físicas y emocionales particulares. Sea cual sea la dicha o la tensión derivadas de nuestros recuerdos, no se trata del suceso real. Llega un momento en nuestras vidas en que queremos estar plenamente presentes. En ese instante, por más dulce o definitoria que sea nuestra memoria, no es suficiente. Para vivir directamente en el presente, los recuerdos y los conceptos surgidos de ellos deben quedar suspendidos.

Los momentos de concentración extrema y los de apertura completa no van acompañados de pensamientos. En realidad, los pensamientos se detienen muchas veces al día. Pero, como tenemos en ellos nuestros puntos de referencia condicionados, por lo general, pasamos por alto esos momentos de pura espaciosidad mental. Nos *pensamos* a nosotros mismos de pensamiento en pensamiento.

Elegir conscientemente estar sin pensamientos es la puerta hacia la experiencia directa. Si estamos ligados a nuestro proceso de pensamiento para contar con puntos de referencia en la realidad, solo plantearemos aquellas preguntas que nos garanticen mantener nuestra mente en el análisis, en el vínculo entre causa y efecto y en la evaluación conceptual. Aunque valoramos el poder del pensamiento, también reconocemos el poder de elegir la experiencia directa y libre de él. Tras este reconocimiento, podemos elegir conscientemente cuándo dirigir la atención al pensamiento y cuándo permitir que nuestra atención repose en la mente abierta, sobre todo en las situaciones cargadas emocionalmente en las que antes sentíamos que no teníamos elección.

La gente suele temer estar sin pensamientos como si fuera un corolario de la ignorancia. Es comprensible que se tema la ignorancia: no negamos el daño que puede causar; el término irreflexión hace referencia a lo que se hace sin pensar cuidadosamente. Lo que se pasa por alto en este corolario es el daño que nos causa estar atados a los pensamientos. Cuando esto ocurre, nuestras mentes están poseídas por lo que se nos ha enseñado, por nuestras últimas conclusiones, por todo tipo de creencias y por el temor a la ausencia de pensamientos.

Indagar en lo que está presente exige que no tengamos un concepto previo sobre ello. Como durante la mayor parte de nuestra vida se nos ha enseñado a acumular conceptos y a categorizar lo que percibimos, la invitación a indagar supone un reto. Estamos listos para dicho reto cuando reconocemos que el pensamiento conceptual es limitado. Estamos preparados cuando queremos más y cuando nos damos cuenta de que no lo estamos encontrando en lo que ya conocemos. Esta predisposición, unida a las ganas de explorar, nos permite afrontar el temor que surge naturalmente cuando ya no confiamos en el conocimiento. Si no confiamos en el derivado de nuestra experiencia del mundo y de nosotros mismos, ¿qué nos queda? Cuando no confiamos en nuestra manera de nombrar y de definir emociones particulares o estados mentales particulares, ¿qué ocurre?

Como especie inteligente, estamos familiarizados con la motivación a través de la curiosidad. Es algo innato en nosotros. Nuestra curiosidad innata permite que nuestro cerebro infantil crezca hasta su plena capacidad. Cuanto más la alimentan la sociedad y nuestra libertad interna, más madura de manera natural. Cuando la sociedad o la familia ahogan nuestra curiosidad, perdemos vitalidad y estamos más expuestos a ser controlados por otros. Cuando se valora el aprendizaje más que el éxito, florecemos como seres humanos. Si el éxito y sus premios se valoran más que el aprendizaje, aprendemos a temer el fracaso, y en ese temor nos marchitamos, al menos parcialmente.

Muy a menudo canalizamos nuestra tendencia natural a explorar y descubrir hacia la búsqueda de seguridad o hacia el encubrimiento de nuestros inevitables errores. Por desgracia, en una u otra medida, este es el caso de la mayoría de las personas que están vivas actualmente. Hemos sido criados y educados para ser herramientas de los intereses de la sociedad, y para protegerlos. ¡Y los intereses de la sociedad son importantes! Son, en último término, nuestros propios intereses, puesto que somos animales sociales. Pero servimos a los verdaderos intereses de la sociedad cuando tenemos espacio y permiso para ejercitar la curiosidad inteligente.

Algunos científicos extraordinarios, como Einstein, han explicado que a menudo tuvieron sus mayores comprensiones cuando abandonaban todo «conocimiento», como cuando se retiraban a dormir o soñaban despiertos, y los artistas de todo tipo hablan de la creatividad como una fuerza inspiradora que dirige misteriosamente sus palabras, sus manos o sus cuerpos. Pero nuestra vida interna suele permanecer fuera de los límites del verdadero descubrimiento. Buda abandonó a su esposa y a su familia para descubrir qué era lo que faltaba en su vida. Romper este tabú, familiar y social, esencial, y vivir una vida dedicada al descubrimiento de la verdad, lo condujo a la iluminación. En lugar de usar las profundas comprensiones del maestro como una invitación para realizar su propio descubrimiento directo, muchos de sus seguidores se conforman con las creencias derivadas de sus descubrimientos. Esto suele ocurrir con todos los sistemas de creencias que comienzan con un hallazgo.

Buda y Cristo, y todos los demás seres iluminados que han sido piedras angulares de religiones, descubrieron y exploraron territorios desconocidos, y sus hallazgos señalan esta posibilidad para todos nosotros. Pero, generalmente, se afirma que sus revelaciones son la definitiva, y esto impide apoyar a cada persona para que descubra lo desconocido por sí misma. Nos aferramos a los descubrimientos y a las revelaciones de los grandes seres porque nos dan una profunda sensación de seguridad y de pertenencia. Sentimos que nos salvamos del horror de nuestra desnudez interna y nos vestimos con sus cualidades sublimes. Nuestros salvadores hacen el trabajo por nosotros, y el resultado es que nos volvemos perezosos. Recitamos los catecismos y los mantras, y memorizamos las comprensiones de los santos de nuestra religión. Es posible que tengamos una paz y una comodidad relativas, pero nos negamos la aventura del descubrimiento directo.

En cada religión o escuela de pensamiento, hay almas valientes que han aceptado el tirón de lo desconocido y han vuelto para llenarnos de buenas nuevas. Ciertos maestros zen y místicos de todas las confesiones demuestran esta posibilidad para todos nosotros. San Juan de la Cruz es uno de los muchos ejemplos inspiradores. Al describir su propia indagación directa, san Juan nos envía desde el siglo XVI un mensaje intemporal sobre el resultado de suspender toda creencia en favor del descubrimiento directo: «Entreme donde no supe y quedeme no sabiendo, toda ciencia trascendiendo».

No trato de sugerir que la indagación debería reemplazar cualquier otra cosa. Los rituales espirituales y las celebraciones nos alimentan personal y socialmente. La oración alivia el espíritu y alimenta misteriosamente las profundidades internas. La oración contemplativa está muy cerca de la indagación silenciosa.

La creencia tiene un lugar fundamental en la persona que está creciendo. Cuando tenemos fe en lo que se nos ha enseñado a creer, disponemos del tiempo y del espacio necesarios para desarrollarnos en otros sentidos. No obstante, muchas personas descubren que no es suficiente creer lo que se les ha enseñado, o sustituir las creencias viejas por otras nuevas. A estas personas les resulta atractiva la indagación. La indagación puede acompañar fácilmente a la oración, el ritual y la celebración, y, como no excluye la oración y la ceremonia, la oración y la ceremonia no tienen por qué excluirla. Todas son tareas espirituales legítimas.

Con frecuencia, hay un momento en la vida, independientemente de la edad cronológica, en el que aparece la duda saludable y verdadera. Dudamos de lo que se nos ha enseñado, y dudamos de lo que otros insisten en que deberíamos creer. Esta duda saludable cuestiona la seguridad y la comodidad de la certeza fundamentalista.

Muy a menudo hay muy poco apoyo para el profundo examen que exige esta duda saludable para el espíritu. En mis clases de confirmación en la Iglesia episcopaliana —que tomaba junto con otros chicos alborotadores a los doce años—, las preguntas que podíamos plantear con aprobación de los adultos tenían muy poco interés para nosotros. Las que nos interesaban —como quién es exactamente el diablo y qué es el infierno— se consideraban negativas e impertinentes. Aunque el sentido de las clases era hacernos participar en la Iglesia con más madurez, para la mayoría de nosotros fue el principio del fin de nuestra práctica religiosa. Se nos estaba negando algo esencial para nosotros. He escuchado incontables variaciones de esta historia de otros que sentían que el derecho a cuestionar sinceramente no tenía lugar en su religión.

A veces, nos damos cuenta de que tenemos que rebelarnos contra todo lo que hemos conocido, puesto que los que «saben» no están dispuestos a dejar que la indagación sea una parte esencial del propio desarrollo. En nuestra rebelión, absorbemos nuevas anticreencias y, cuando también nos atrevemos a dudar de ellas, se nos vuelve a etiquetar de heréticos. ¡Cuántos convertidos al budismo se burlan de los cristianos inocentes que creen las interpretaciones literales de la Biblia, cuando ellos incorporan fácilmente la creencia en la reencarnación! ¡Cuántos fundamentalistas cristianos consideran la visualización Nueva Era como una obra del diablo y vilipendian a los hindúes con su nirvana y sus múltiples caras de Dios, mientras tienen conversaciones personales con su deidad y continúan visualizando su propia versión de Dios! Hasta los defensores de la indagación, a menudo, explican lo que debería revelar. En la «religión» de la autoindagación, el concepto de no dualidad toma el lugar del descubrimiento directo. La auténtica indagación espiritual muestra la alegría de las comprensiones frescas y de la revelación, tal como lo hace la investigación artística o científica. Pero, si nos aferramos a nuestra última comprensión como una *cosa* que sabemos, esa cosa pronto pierde su frescura.

Tal como el pensar forma parte de nuestra naturaleza humana, también forma parte de ella el creer. No hay nada malo en las creencias, a menos que sirvan para aislarnos en la certeza arrogante de que las nuestras son la única realidad. Y sí, las creencias generalmente nos aíslan de maneras más o menos importantes. Cuando nos aferramos a las antiguas creencias o las cambiamos por otras nuevas, seguros de que lo que nosotros creemos es la realidad, mantenemos nuestras mentes atadas y limitamos nuestra experiencia de vida. Si estamos preparados para la indagación profunda, tenemos que estar dispuestos a suspender, al menos temporalmente, todas las creencias.

Para que la indagación sea de verdadero valor espiritual, debe estar viva y fresca. Independientemente de lo que recordemos o de lo que hayamos descubierto en el pasado, cada vez que indagamos de verdad volvemos a desconocer cuál será el resultado. Para realizar descubrimientos no es necesaria ninguna doctrina. No se necesitan conceptos de multiplicidad, dualidad o no dualidad. De hecho, para indagar, debemos dejar a un lado todas nuestras doctrinas y conceptos. Lo único que hace falta es estar dispuesto a ser consciente y verdadero, y no apegarse al resultado.

La indagación profunda no es para los tibios ni para los débiles de mente. Es para aquellos que están preparados y dispuestos a afrontar los temores y las incomodidades. Es el reto y la invitación a madurar. Es el ofrecimiento a renunciar a nuestra anterior confianza en los descubrimientos de otros, al tiempo que permitimos que esos mismos descubrimientos nos animen, incluso que nos empujen hacia nuestra propia indagación.

Esta no es un mecanismo para hacer frente a las situaciones. No está presente en la conciencia humana para proporcionar certeza o comodidad, a excepción de la certeza sublime de que uno tiene la capacidad de descubrir la verdad por sí mismo. Es un mecanismo de estiramiento: pide a la mente que se estire más allá de sus fronteras conocidas y, en este sentido, apoya la maduración y la evolución del alma. Nos libera de la necesidad de definirnos para poder experimentarnos. Al mismo tiempo, nos hace humildes y es una fuente de profunda alegría, pero no nos proporciona un nítido paquete de nuevas definiciones e historias.

El desafío de la indagación consiste en estar dispuesto a descubrir directamente lo que existe, sin contar con puntos de referencia. La indagación no es un reto menor, porque requiere afrontar la muerte de los mundos interno y externo tal como los hemos construido sin saber qué tomará su lugar. Vivimos la experiencia de soltar el mundo que hemos construido, cuando nos quedamos dormidos, y atesoramos y necesitamos esta experiencia para nuestro bienestar a todos los niveles. El reto consiste en soltar el mundo que hemos construido, permaneciendo conscientes.

Todos hemos sido socializados para creer que lo que se nos enseña es real. Nuestra visión del mundo y nuestro papel en él es la historia que empezamos a aprender en el pecho de nuestra madre. Integramos en las propias células la historia que favorece la supervivencia de nuestro grupo, y vivimos con distintos grados de comodidad e incomodidad en nuestra realidad consensuada.

El colectivo puede percibir como una amenaza al que se ha atrevido a cruzar las fronteras, pero este último nos informa de la emoción de la exploración. A lo largo del tiempo, se ha considerado herético realizar un descubrimiento directo y después hablar de él. Sin embargo, siempre ha habido personas dispuestas a ser malinterpretadas, aprisionadas y cosas peores, y ha sido una bendición que hayan continuado hablando.

Los que abandonan la realidad consensuada hacen un agujero en el tejido de lo que se considera real. Viajan más allá de los límites del mundo conocido y vuelven a nosotros para informarnos de la permeabilidad de las fronteras del conocimiento. Tanto si los adoramos como si los demonizamos, nos muestran la fluidez intrínseca del conocimiento.

A fin de que el resto de nosotros sacrifiquemos nuestras vidas por nuestra frágil identidad grupal, las creencias culturales y religiosas se refuerzan con el temor al Averno en la otra vida o con el temor al infierno del ostracismo social en esta. Nuestro temor a desagradar a los demás, a ser ridiculizados, o incluso a la muerte, es como un corral interno que está electrificado. Estos corrales sociales son eficaces para mantenernos seguros dentro del reino de lo conocido.

Como somos animales sociales, reproducimos nuestros condicionamientos sociales dentro de nosotros. Esta interiorización del control social nos causa tormento interno y nos hace odiarnos a nosotros mismos. Nos definimos como pecadores, o como personas sin valor, o como no iluminados; por el contrario, también podemos definirnos como hijos de Dios, superiores e iluminados. Algunas definiciones generan desdicha; otras, dicha. Pero todas son limitadas. Queremos seguir creyendo lo que siempre hemos creído para sentirnos cómodos y seguros, o queremos aferrarnos a nuestras nuevas creencias por lo que nos prometen. Pero, al llegar a cierto punto de la vida, descubrimos que nuestras creencias están vacías y nos constriñen.

Si bien el tormento interno que nos acompaña, cuando crecemos más allá de las viejas creencias y definiciones, puede resultar muy incómodo, también es una señal de que estamos preparados para la verdadera indagación. Las primeras etapas, en las que predomina la creencia simple y reconfortante, no son malas ni equivocadas, como no lo son los capullos. Estos son un medio necesario para el crecimiento y el desarrollo. Sin embargo, si nos negamos a salir del capullo cuando llega el momento de abandonarlo, nuestra libertad de dudar, de cuestionar y de descubrir queda estrangulada. Si reconocemos que estamos preparados y percibimos la incomodidad que suele acompañar este estado, podemos apoyarnos y apoyar a otros para soltar todas las estructuras de creencia, a fin de poder indagar por nosotros mismos. Estamos dispuestos a no saber para poder saber directamente.

Este no saber es muy distinto de la ignorancia ciega y del cinismo. El puro «no saber» es abierto y libre, y tiene abundante energía para la indagación. El puro no saber es la mente desnuda de sus conceptos. Como la mente está abierta al descubrimiento, no espera un resultado particular. El no saber como preparación para el descubrimiento es la antítesis de la estupidez. El no saber consciente, el no saber abierta y libremente, es la base de la indagación inteligente.

Además de mantenernos seguros dentro de nuestra mentalidad de rebaño, nuestros corrales producen ranciedad interna, y empezamos a buscar la realización fuera de nosotros. Buscamos la riqueza material, las relaciones o el respeto de una sociedad o de un mundo a los que nosotros ya no respetamos. Buscamos el conocimiento y el poder. Buscamos una experiencia fenomenal tras otra. Buscamos la iluminación como algo que nos dará más y más experiencias. Toda esta búsqueda es un intento de evitar el dolor que nos produce la atrofia de nuestro crecimiento interno.

Es posible que alcancemos la riqueza material, el éxito en las relaciones y el respeto. Pero, en sí mismos, nunca son suficientes. Cada adquisición produce deleite, pero este desaparece cuando su causa es un objeto. Buscamos más, y a menudo la búsqueda lleva a la desesperación. Acumulamos cierta cantidad de riqueza, o fama, o relaciones, o respeto y pronto necesitamos más. La adicción a tener más es la enfermedad espiritual de nuestro tiempo.

Como todas las adicciones, la bestia del *más* está tratando de tapar nuestro dolor. Nuestra curiosidad natural queda amortiguada y la experimentamos como un vacío que solo podemos llenar con lo que sabemos. Nos preguntamos cómo conseguir más o cómo podemos atraer el éxito. Nos deslizamos o vamos dando bandazos en nuestros intentos fallidos o exitosos de *tener siempre más*. Y tanto si tenemos éxito como si fracasamos, nos sentimos *esencialmente* insatisfechos, pues hemos perdido la capacidad de encontrarnos de manera directa y desnuda con nuestro propio vacío.

Nuestros profesores y líderes pueden predicar sobre las necesidades internas, e incluso nos señalan que es inútil intentar encontrar satisfacción duradera en la adquisición de más cosas. Pero, generalmente, lo que nos ofrecen son más objetos u objetos mejores, de conocimiento y creencia. Raras veces se nos apoya para descubrir directamente. Casi nunca se nos dirige a preguntas que requieren una mente abierta.

¡Una mente abierta exige perder más que ganar! Si lo que nos preocupa es adquirir más, sean objetos materiales o de conocimiento, experiencia, poder o incluso iluminación, el objetivo sigue siendo adquirir *más* para sentirnos realizados. La mente abierta se vacía de todo conocimiento con respecto a lo que le dará satisfacción. Cuando estamos dispuestos a soltar todas las ideas y dogmas, tenemos la oportunidad de indagar.

En este sentido, la indagación exige encontrarse con la muerte. Es necesaria la muerte de todo lo que creemos ser y de lo que pensamos que sabemos para descubrir directamente nuestra experiencia más profunda de quiénes somos. La inteligencia natural dicta que el miedo a la muerte sea instintivo para todos los organismos. Este miedo nos dirige a alejarnos de cualquier cosa que nos pueda llevar a la no existencia, y nos resulta muy útil. La mayoría de nosotros deseamos vivir a cualquier precio. Incluso cuando sufrimos y sentimos que la muerte sería un refugio, vamos instintivamente hacia la vida y nos alejamos de la muerte. Sin descartar la validez de este temor primario, podemos reconocer que los pensamientos generados por el miedo a la muerte nos impiden vivir libremente.

Para inquirir de verdad debemos estar dispuestos a morir por un instante, a liberar todas las nociones y opiniones preconcebidas con respecto a lo que necesitamos, a lo que es verdad y a quiénes somos. En ese momento experimentamos directamente eso que existe y que no necesita definición, creencias ni defensas para existir.

Cuando percibes el temor y —aunque sea por un instante— dejas de confiar en tu conocimiento conceptual sobre él, ¿qué experiencia tienes? Si percibes la experiencia de un cuerpo con sus sensaciones, y, por un momento, no nombras el cuerpo y ni siquiera lo conoces como cuerpo, ¿qué experimentas? Cuando nos planteamos estas preguntas por nosotros mismos y dirigimos nuestra atención por debajo del conocimiento que ha categorizado todas las particularidades, estamos indagando. Cuando indagamos, los terrenos externo e interno de la experiencia de vida se abren de maneras inconcebibles. No vivimos sin pensamiento, sino sin controlar nuestra experiencia. A la experiencia directa la siguen comprensiones frescas y originales. La espaciosidad disponible para pensar libremente vivifica el proceso de pensamiento. Es posible pensar lo que no se ha pensado nunca.

El espacio interno y el espacio externo ya no están separados artificialmente por el pensamiento.

Cuando estamos dispuestos a inquirir directamente en el temor, que siempre es en una u otra medida un temor a la muerte, tenemos elección. Estar presto a dejar de pensar sobre el temor y a experimentarlo de forma directa es la puerta hacia la libertad. Cuando no estamos dispuestos a afrontar el temor directamente, quedamos a merced de los pensamientos generados por esa evitación. («Podría morir realmente, podría perderlo todo, no debería tentar al destino, ya haré esto más adelante, esto es demasiado para mí...»). La libertad nos permite elegir entre continuar obedeciendo todos los pensamientos basados en el temor, reprimirlos y dedicar nuestra fuerza de vida a negar el miedo, o tomarnos un momento para indagar directamente en el temor. Cuando tenemos libertad de elección, podemos decir la verdad con respecto a nuestras elecciones.

El temor engendra pensamientos que sirven para definir nuestra experiencia de vida en algún tipo de seguridad: física, emocional o mental. Y, sin embargo, en la vida no hay seguridad definitiva, de modo que el temor y sus pensamientos acompañantes hacen horas extras. Indagar en el temor mientras nos deshacemos de los pensamientos que lo acompañan abre la puerta a la experiencia de la libertad.

Indagar en el miedo, o en cualquier emoción, requiere que entremos en ella con toda nuestra atención, sin distracciones. Tenemos que detener cualquier cosa que estemos pensando con respecto al miedo —de dónde viene y por qué, qué significa, cómo librarnos de él— y experimentar directamente la emoción que hemos etiquetado como *temor*. Cuando retiramos el nombre *temor*, lo que queda es un campo de vibraciones energéticas que espera ser experimentado. Este campo de fuerza está compuesto por la misma sustancia que su descubridor. Tanto si indagas directamente en el miedo, en el pensamiento sobre el *yo* o en cualquier otra emoción o fenómeno, ¡la vida consciente se descubre a sí misma!

De verdad podemos dejar a un lado todo lo que se nos ha enseñado con respecto a quiénes somos e indagar en nosotros mismos. Podemos atesorar nuestra curiosidad interna y confiar en nuestra inteligencia. Estar dispuestos a cometer errores e incluso estar totalmente equivocados al abrir nuestras mentes. Podemos usar en nuestra vida interna el mismo vigor y la misma fuerza que emplea cualquier artista o científico en la realización de sus objetivos profesionales. Atrevernos a abrirnos, a suspender las creencias y a mantenernos conscientes mientras descubrimos la sustancia de cada emoción y de cada fenómeno que se revela bajo el microscopio de nuestra indagación.

Cuando descubrimos nuestra capacidad de abrirnos y de indagar plenamente en cualquier cosa y en todas ellas, podemos indagar en las supuestas fronteras que parecen separarlo todo. ¿Cuál es la verdadera sustancia de la separación? Parece real, se siente como real, y la realidad consensuada es que estamos separados unos de otros, de la naturaleza, de Dios, de la iluminación, de todas las cosas. Pero, cuando indagamos en las fronteras de la separación misma, ¿qué descubrimos? Si no permitimos que la información sensorial sea la última palabra, ¿no hay algo más que hallar?

Cuando no confiamos en ninguna creencia —por más que se acerque a una interpretación de la realidad que nos resulte cómoda—, podemos estar abiertos a descubrir cuál es la raíz de toda experiencia. Podemos contar nuestras historias con la voluntad de desvestirlas. Atrevernos a descubrir la desnudez pura y sin adornos; lo que cambia y lo que sigue igual. Y finalmente podemos preguntar: «¿Quién soy yo?».

La historia didáctica de «El tesoro escondido», tu historia y la mía pueden ser leídas y escuchadas en un contexto de descubrimiento. ¿Hacia dónde apunta cada una de ellas? ¿Qué exponen? ¿De dónde vienen? Todas convergen en tu núcleo abierto y silencioso.

Capítulo 5

ARMONÍA

La misma palabra *armonía* evoca equilibrio, paz y unificación natural de varias fuerzas. El resultado es un flujo ininterrumpido de energía de vida que nutre el cuerpo y el alma. Cuando idealizamos la armonía, imaginamos una fusión dinámica y suave de los opuestos. La música de la vida que nos da apoyo interna y externamente. El bálsamo de una brisa tropical. Flotar en el pacífico y amistoso océano de la vida.

Parece que dentro de nuestra memoria tenemos un eco del sonido del universo que nos alivia. Podemos imaginar al embrión dentro de un fluido armónico, donde el ritmo del corazón materno y la circulación de la sangre en este marcan el tiempo para el ser en crecimiento. En este mar hay olas. El latido del corazón cambia con los distintos estados físicos y emocionales de la madre; los neuropéptidos varían en función de la emociones maternas, y a veces ocurren accidentes fatales. Pero, si consideramos este periodo de incubación de manera general, podemos verlo como un tiempo de apoyo armónico para los incómodos cambios que se producen en el proceso de desarrollo de embrión a feto y de feto a bebé.

Cuando la deconstruimos, vemos que la armonía está compuesta de tensión y relajación en una relación equilibrada. Partes que por sí mismas pueden ser discordantes se juntan en una totalidad armónica. La totalidad de la naturaleza es una gran combinación de diferencias y, cuando la combinación es armoniosa, nos alivia y relaja. El invierno suele ser duro, pero sin la primavera sería absolutamente insoportable. Los individuos pueden sentirse perdidos y estresados en soledad, pero en armonía dentro de su relación de pareja, de su familia o de su comunidad; los aspectos individuales de una persona pueden ser desconcertantes, pero, como parte de un todo, contribuyen a su amabilidad y a su profundidad.

Cuando la experiencia es principalmente armoniosa, tenemos la sensación de ser sostenidos internamente por nuestro propio equilibrio o externamente por un alineamiento de fuerzas que nos apoyan. Cuando descansamos demasiado, perdemos los estímulos necesarios para desarrollarnos. Cuando estamos sometidos a excesiva tensión, nos falta el descanso imprescindible para desarrollarnos. En la armonía tenemos las dos cosas. En la armonía hay inocencia, independientemente de la edad real de la persona. Todo parece seguir un patrón y, sin duda, nosotros somos un aspecto central del mismo.

Leemos y respondemos a la posibilidad de hallar un equilibrio dinámico entre el yin y el yang, entre las tres *gunas* y entre los principios de luz y oscuridad. Recordamos con cariño las veces que nos hemos sentido en armonía con todos los que nos rodeaban. Anhelamos una unidad que tiene un profundo eco en nuestra memoria sensorial. Buscamos protección sin confinamiento, conexión sin limitación, conocimiento exento de aprendizaje. Pensamos románticamente en la naturaleza como un lugar de pura armonía y pasamos tiempo en ella bebiendo el néctar del mundo natural. Flotar sin ir a la deriva, la infinitud sin hastío y la actividad sin inercia revelan la armonía de los sentidos, de la percepción y de las emociones. Gravitamos de vuelta hacia nuestra versión del útero.

Muchas veces, solo reconocemos la armonía de un periodo de nuestras vidas cuando miramos atrás después de que ha aparecido la alteración. A menudo la armonía que experimentamos es exclusivamente nuestra o de nuestro grupo. Es posible que para mantener nuestro sentido de armonía tengamos que ignorar el sufrimiento de otros. Por temor a perder nuestra armonía, aprendemos a negar el padecimiento ajeno. Se suele considerar que la década de los cincuenta fue un periodo de armonía en Estados Unidos. En comparación con los grandes trastornos de la Gran Depresión de los años treinta y la Segunda Guerra Mundial en los cuarenta, fue una etapa armoniosa. Y, sin embargo, hubo mucho sufrimiento y grandes injusticias para numerosos grupos de estadounidenses. La armonía relativa depende de las condiciones: del estado previo a esta o del aislamiento respecto de los trastornos del entorno. Se trata de una armonía relativa que, precisamente por ello, no dura indefinidamente.

Si la contemplamos sin sucumbir a nuestras idealizaciones, podemos reconocer que la armonía que recordamos, la que objetivamos en nuestra memoria, es relativa. La familia de «El tesoro escondido» vivía en armonía relativa hasta que sobrevino el desastre. En esta historia didáctica, la visión del mundo de la familia está limitada al simple hecho de saber si tiene las necesidades cubiertas. O, en el caso del padre, si provee lo necesario para su manutención. Esta visión limitada tiene que ser cuestionada, y en nuestra historia lo es. Para nuestro propósito, esta percepción representa el alma relativamente inocente e inexperta. La familia de la historia vive en una versión aislada del cielo, en un reino armónico en el que prevalece la sensación de que simplemente, la vida es así.

Las idealizaciones son problemáticas porque apuntan hacia lo que es pleno y completo en sí mismo, sin dejar lugar para los trastornos que enmarcan esa totalidad y contribuyen a ella. Ni la naturaleza ni nuestras vidas son tan pulcras como nuestras idealizaciones. La dulce armonía que amamos alterna con el movimiento discordante y a veces caótico de nuestras vidas. La verdadera totalidad lo incluye todo, no excluye las partes desordenadas y indeseables. En mis primeros recuerdos, Mammy —mi abuela materna— era para mí la esencia de la armonía. Cuando estaba cerca, todo estaba bien. Fueran cuales fueran las alteraciones, ella era la fuerza reconciliadora. Su olor, sus grandes ojos húmedos (¡sus ojos!), los pliegues deliciosamente suaves de su cuerpo y sus palabras de amor y de apoyo creaban un refugio de armonía para mí. Ella y el abuelo venían a estar con nosotros en Clarksdale durante semanas y a veces durante meses; vivieron con nosotros en la etapa final de sus vidas, hasta que a Mammy y a mamá les fue imposible seguir juntas. De niña, cuando me enteraba de que iban a venir, me pasaba el día sentada junto a la ventana del comedor esperando vislumbrar su coche.

No es que no hubiera conflictos cuando Mammy estaba presente. La vida y todo el caos de nuestro hogar continuaban, pero su presencia nos proporcionaba un espacio seguro en medio de los conflictos. Ella *era* el espacio en el que yo podía ser yo misma sin esfuerzo. Como no tenía necesidad de buscar amor y apoyo, podía crecer. Era como la experiencia de un útero externo. A su lado, mi identidad, aunque inmadura y sin formar, estaba compuesta por partículas de amor. A lo largo de su vida ella continuó siendo una fuente de amor para mí que muy a menudo daba por supuesta. Era un foco de luz pura en tiempos oscuros. Tuve mucha suerte. Mammy me sirvió como una especie de bolsa marsupial. Podía seguir mi camino cuando tenía suficiente alimento y volver a ella en busca de seguridad si me hacía falta.

Necesitamos estos úteros externos para poder crecer y convertirnos en adultos saludables. Y los encontramos de muchas maneras. La seguridad y el alimento pueden hallarse en muy diversas situaciones: en el contacto social amistoso, al soñar despiertos, en los abrazos y mimos, en los baños calientes, o en la representación teatral. Más adelante, volvemos a encontrarlos en los deportes, en las amistades íntimas, en el matrimonio y, tal vez, en una vida interna secreta. Tanto las comunidades religiosas como las seculares se basan en ellos.

El placer es un aspecto de la armonía, aunque puede acompañar muchos estados. Encontramos armonía en cualquier lugar donde nos sentimos seguros y cuidados. Y en lugares así no nos preocupamos ni de la seguridad ni de recibir atenciones.

Podemos experimentar la armonía de estar «perdidos» en cosas tan diversas como un proyecto o una puesta de sol. Me encanta la experiencia de estar perdida en un buen libro, en una película o una obra de teatro. Las músicas de todo tipo pueden darnos la nota que nos proporciona armonía.

Cuando nos absorbe la belleza o el poder de una obra de arte de cualquier tipo, desaparecen nuestras preocupaciones habituales por la comodidad y la seguridad, y experimentamos una armonía relativa. La seguridad y la comodidad ya no son un problema; no lo hay: solo está la libertad de ser, de crecer y de aprender. La libertad de ser tocado por el vasto —¡e incluso el caótico!— misterio que todo lo envuelve. (Por supuesto, también hay grandes obras de arte realizadas con todo tipo de medios que evocan lo opuesto de la seguridad y la comodidad. Cumplen una función diferente, aunque igualmente esencial). Los estados de armonía, producidos por un alineamiento particular de condiciones, vienen y van, igual que las experiencias de libertad que acompañan dichos estados.

En muchos momentos de mi vida he sentido la dicha de la armonía a través de mis sensaciones corporales. Bailando, nadando y haciendo el amor había momentos en los que sentía que todo estaba profunda y verdaderamente bien. He sentido la armonía con el ejercicio físico y con el descanso. Y he disfrutado mucho de estas sensaciones. Las he disfrutado tanto que orienté buena parte de mi vida a recuperarlas.

Cuando descubrí la meditación, me di cuenta de que estar aquietada mientras permanecía despierta, a veces, también me proporcionaba un estado de armonía. Asimismo, cuando fumaba mariguana y experimentaba con sustancias psicotrópicas, mi identidad, con todos sus temores y preocupaciones, se ausentaba temporalmente. El problema era que, cuando dejaba de meditar o terminaba el viaje inducido, la armonía era reemplazada por el caos de mi mente pensante. Entonces buscaba el trabajo, la danza, la naturaleza o hacer el amor para recuperar la armonía que con tanta facilidad iba y venía.

Pero ¿qué pasaba si no podía encontrar un trabajo significativo, si no podía bailar, si estaba lesionada o enferma, si estaba en una ciudad sin acceso a la naturaleza? ¿Y qué pasaba si hacer el amor ya no era tan mágico como antes? Entonces sufría y buscaba maneras nuevas y diferentes de conseguir esa armonía que me permitiera dejar de preocuparme por la seguridad y la comodidad.

El intento de perderme a mí misma, de sentirme segura y libre, me distraía de las incomodidades internas y externas de mi vida. Quería armonía, más que profundizar o aprender. Evitaba cualquier irritación que me alejara de los estados de armonía placentera.

Era un gasto de energía inútil, por supuesto, porque la armonía solo es una parte de la vida. Mi búsqueda de ella se volvía irritantemente inarmónica. La búsqueda de la paz, de la felicidad o incluso del amor puede convertirse en el caos que la propia búsqueda trata de evitar. Finalmente, tuve que mirar de frente la incomodidad, lo que me condujo a experiencias de vida más profundas.

Este hábito de buscar placer y acabar cediendo al dolor comenzó cuando yo era muy joven y continuó en diversas medidas hasta que conocí a mi maestro. Incluso ahora prefiero sentir placer que dolor, y estoy casi segura de que a la mayoría de las criaturas de todas las especies les pasa lo mismo. Pero, cuando aparece el dolor, he aprendido a no evitarlo innecesariamente y a no declararle la guerra.

A medida que acumulamos conocimiento, poder y otros recursos para la supervivencia, construimos y definimos nuestras identidades. Para todos nosotros, estas identidades —

compuestas de infinitas y complejas imágenes asociadas con impresiones sensoriales e improntas emocionales— crecen hasta dar un sentido central del yo. Mi maestro, Papaji, y su maestro, Ramana Maharshi, llamaban a esta identidad central el pensamiento yo. Todos lo tenemos.

Cuando decimos «yo quiero», «yo hice» o «yo soy», estamos refiriéndonos a una colección de definiciones acumuladas a lo largo del tiempo que representan lo que la persona humana cree ser. El yo puede ser radicalmente individualista, como en el caso de la mayoría de las sociedades occidentales, o puede incluir a otros, como en el caso de muchas culturas tribales y religiosas. Tanto si excluye a los demás como si incluye a algunos otros en particular, es el pensamiento o la colección de pensamientos que definen quien uno es. Es un área de aterrizaje segura, un lugar donde podemos reagruparnos y sentir que somos vistos. Aunque permite brotes de agitación y trastorno, en general es un lugar de armonía, de descanso, aunque sea durante algún tiempo. Si no tenemos un *yo*, al menos en cierta medida, no tenemos cordura.

Esta colección de *yoes*, tanto si se experimenta como la complejidad de uno mismo o como los miembros de una familia —que puede estar estricta o vagamente definida—, proporciona seguridad gracias al reconocimiento de aquellos que están conectados *con uno mismo*. Este capullo social ofrece alimento para poder crecer. Cuando nos sentimos conectados con un grupo, nos sentimos protegidos. Incluso un grupo en el que haya poco conocimiento de las particularidades de los individuos —como muchas iglesias, grupos de estudio, grupos políticos, grupos de apoyo, etcétera— ofrece una sensación de pertenencia. Incluso una colección de personas que solo vemos irregularmente en un vecindario o ciudad, cuyos nombres e historias desconocemos, puede ser un lugar de descanso y de relación social. En distintos momentos de mi vida he sentido el consuelo de abandonar una discusión o un estado interno de angustia para caminar por la ciudad y ver y sentir a otros. Vemos a personas de todo el mundo en cafeterías, sentadas en las escaleras o frente a sus casas, y reconocemos la armonía presente. Nuestros grupos nos ofrecen provisiones internas y externas, y cuando sustentan el potencial de realizar descubrimientos individuales y colectivos, son aún más nutricios.

En el pasado has disfrutado de suficiente armonía en tu vida como para haber sobrevivido, para haber aprendido a leer y a cuidar de ti mismo. Aunque solo hayas encontrado la armonía en el sueño profundo, tienes suerte de que cierta cantidad de ella haya estado presente en tu vida. Por duras que hayan sido las condiciones que han prevalecido en tu vida, en este momento tu entorno, incluyendo este libro, favorece tu crecimiento y desarrollo. En este mismo instante estás en un espacio lo bastante seguro como para leer y considerar lo que lees. Hay suficiente armonía sustentándote como para que tengas la libertad de conocer y de experimentar directamente tanto la armonía como la desarmonía, el placer y el dolor. Tienes el tiempo y el deseo necesarios para considerar cuestiones profundas. En comparación con muchas personas del mundo, tal vez la mayoría, estás viviendo en armonía.

Los personajes de nuestra historia, al principio, disfrutan de su vida armoniosa, pero no parecen suficientemente reflexivos como para reconocer lo que tienen cuando lo tienen. Cuando yo era pequeña, no era capaz de reconocer que no todo el mundo tenía una fuente de amor tan brillante como Mammy. No reconocí lo preciosa que era. Ella murió cuando yo tenía veintitantos años. Entonces supe lo que había perdido y me atormentaba la idea de que no había hecho lo suficiente para que sus últimos años fueran más cómodos. Tal vez, los personajes de nuestra historia solo reconocieron la abundancia, que disfrutaban al perderla, pero a esas alturas todo parecía haber desaparecido.

Perder a Mammy y lamentar no haberla cuidado más mientras vivía fue lo opuesto a la armonía. Y me enseñó la primera lección sobre nuestra capacidad para pasar tenazmente por alto lo que tenemos hasta que lo perdemos.

Por más segura y amada que me sintiera con Mammy, no quería estar a su lado la mayor parte del tiempo. Para madurar necesitamos algo más que armonía. Algunos trastornos de nuestra armonía relativa son esenciales para nuestro crecimiento interno y externo. Los desordenes pueden ser invisibles para los demás o pueden estar presentes a la vista de todo el mundo. Pueden ser tan pequeños como un ruido no deseado que te distrae mientras lees o tan abismales como el sufrimiento que acompaña a la tragedia. Cualquiera que sea su tamaño aparente, los trastornos son —a su manera irritante— puntos de referencia necesarios para la armonía que los precede o los sigue. A menudo los infortunios menos armoniosos anuncian la posibilidad de una vida más significativa, aunque imperceptible en el presente. Si consideramos la historia de enseñanza de «El tesoro escondido» como un modelo metafísico, vemos que, en la armonía inicial, la vida interna aún está en su infancia. No ha sido puesta a prueba, aparte de la tensión inherente al intercambio en la armonía.

Este es el estado de desarrollo propio de la larva. Es el tiempo de sentirnos seguros, protegidos por lo que se nos ha dado y por lo que hemos acumulado. Un tiempo en el que apenas hay reflexión. La reflexión sobre nosotros mismos y la humildad suele llegar cuando la armonía sufre algún trastorno.

En muchas vidas, por fáciles o duras que hayan sido, llega un momento en el que la armonía queda alterada por una llamada interna a abrirse a lo desconocido. Cuando oímos y escuchamos esta llamada, el grado de armonía del que gozamos no basta para satisfacernos. En realidad, estamos siendo llamados a trastornar nuestra armonía relativa en nombre de lo desconocido. Esta alteración puede resultar terrorífica y parecer temeraria a los que nos rodean, e incluso a veces a nosotros mismos. Si se trata de una verdadera llamada al crecimiento interno, es un derrocamiento de nuestra identidad definida y protegida.

No parece que ninguno de los personajes de «El tesoro escondido» haya recibido esta llamada. Pero es que esta no es necesariamente perceptible desde fuera. Puede estar activa sin que nadie lo sepa. De repente, o después de un largo proceso, no podemos vivir la vida que *deberíamos* vivir, casarnos con la persona con la que nos *deberíamos* casar, pensar los pensamientos que *deberíamos* pensar.

En el marco de la armonía de la familia de nuestra historia, quizá la madre anhelara una vida diferente, tal vez más parecida a como se la había imaginado cuando era niña. O tal vez se sintiera muy afortunada con la solidez de su marido y con su familia saludable. Si bien la historia no propone un punto de vista particular para ella, podemos imaginar sus sentimientos, porque ella nos representa a todos.

Es posible que las particularidades de su vida no nos resulten atractivas, pero todos podemos imaginarnos con una armoniosa vida similar a la suya. En su cultura, ella vive una vida de abundancia. Está cuidada. No pasa hambre. Sus hijos reciben una buena educación y, aparentemente, su vida no está en peligro. No están en guerra. Ningún miembro de su familia sufre una enfermedad torturante.

¿Es esto cierto ahora para ti? ¿Disfrutas de una relativa armonía interna? ¿Y externa? No hay una respuesta que sea la «correcta». Estas preguntas solo se plantean para ayudarte a evaluar tus mundos interno y externo, pero se te invita a reflexionar sobre la armonía interna y externa que te ha permitido, y te está permitiendo, desarrollarte como lo haces.

Si asumes la suposición cierta de que tu vida externa es actualmente al menos, lo bastante armoniosa, puedes examinar con más precisión tu nivel de satisfacción con tu vida interna y externa. Si estás completamente satisfecho con la totalidad de tu vida, ¿puedes recordar un tiempo en el que los aspectos externos estaban en armonía y empezó a surgir algún descontento en lo profundo de ti?

¿Y qué ocurre cuando miramos de cerca al que provee esta armonía relativa para la familia? Es evidente que el marido es diligente en sus deberes. Pero ¿qué pasa con su relación con la familia? Sabemos que no habla a su esposa del tesoro escondido. ¿Indica esto que hay desavenencias mayores entre ellos? Si él no puede compartir la realidad de su abundancia material, ¿no habrá mucho más que él mantenga oculto? Pongámonos en su lugar, con nuestra historia de vida como si fuera la suya, y veamos. Somos libres de imaginarnos en su papel, con nuestros hábitos de compartir y de esconder.

No conocemos la vida interna del marido, pero sí sabemos que, además de ocultar información crucial a su esposa, viajaba frecuentemente por motivos de trabajo. La manera más segura de generar descontento con algún aspecto de nuestra vida es descubrir que otros viven con más libertad. Tal vez él haya oído hablar de Buda, de un héroe o de un aventurero. Tal vez haya conocido a alguien que saboreara el amor incondicional o a alguien con una vida completamente ajena a su ámbito de experiencia. Forma parte de nuestra naturaleza como seres humanos preguntarnos e imaginar nuestra vida liberada de sus restricciones relativas. Cuando nos encontramos con alguien que tiene —o parece tener— la promesa de una vivacidad que nos es desconocida, es probable que atrapemos una chispa de ella. Esa chispa puede suponer la destrucción o la alteración de nuestro capullo armonioso y protector.

Aunque es posible que el marido solo viajase por motivos laborales, que fuera feliz volviendo a casa y tuviera la suerte de no sentirse atraído por ninguna otra vida, puede convenir más al propósito de nuestra indagación imaginarnos que él esperaba algún futuro idealizado después de haber cumplido todos sus deberes. Cuando su esposa estuviera bien acomodada y los hijos se hubieran casado, quizá podría explorar lo que él deseaba realmente de la vida. En nuestras vidas de maridos, esposas, padres e hijos, tenemos responsabilidades. Tenemos deberes como ciudadanos y miembros de la comunidad. Tenemos deberes con el mundo en general y con todos los niños no nacidos que están por venir. Sin menospreciar estos deberes, también podemos descubrir si tenemos el deber aún mayor de abrirnos a una llamada interna.

¿Y qué hay de los niños de nuestra historia? ¿Y de tu vida de niño? Fuesen cuales fueran las disfunciones de tu familia, sobreviviste a la infancia. Muchos no lo logran. Fuesen cuales fueran los obstáculos y los retos, los verdaderos traumas, sobreviviste relativamente intacto.

Aún sabemos menos de los niños de la historia de «El tesoro escondido» que de la madre y del padre. Sabemos que estaban bien alimentados, que recibían una buena educación y que se sentían con derecho a la armonía que les proporcionaban sus padres. Sabemos que, cuando se desataron los desastres, se quejaron infantilmente y con desagrado. Eran niños y se comportaron como tales. Habían llevado vidas relativamente mimadas. Se les había dado lo que necesitaban incluso antes de que supieran que lo precisaban. Para entrar en sus vidas no tenemos que ser literalmente niños. Podemos reconocer cómo nos comportábamos de niños cuando se nos quitaba lo que asumíamos que era nuestro. Un trastorno de la armonía puede conducir a una realidad de sobriedad y humildad. ¡Qué rápidamente asumimos que tenemos derecho a las bendiciones del alimento, la educación y una libertad relativa! ¡Con qué velocidad asumimos que merecemos tener lo que queremos, puesto que siempre lo hemos tenido! ¡Cuán esencial es descubrir la falacia de esta ecuación egoísta!

Para crecer hacia la madurez es esencial descubrir que el mundo no va a satisfacer nuestros deseos y necesidades simplemente porque lo ha hecho en el pasado. Este es un hecho duro y evidente. Solemos tratar de recuperar lo que se nos ha quitado con rabietas y pensamientos mágicos, que incluyen los aspectos más infantiles de la creencia religiosa.

En nuestra historia, los niños no revelan si el desastre los ayudó a profundizar en su comprensión. Pero tú, como hijo o hija, puedes descubrir en ti mismo, a partir de tus propios desastres e imaginando que eres uno de esos niños, si has adquirido alguna sabiduría al perder lo que considerabas precioso. O puedes descubrir si aún luchas contra la pérdida de lo que sentías que era *tuyo*.

La armonía es esencial para recargar el cuerpo y el espíritu. Cuando entramos en la armonía del sueño profundo, nuestra vida personal queda absorbida en la espaciosidad de la no mente. Cuando nos sentimos recargados, despertamos de manera natural a nuestra vida física. Como hemos saboreado la paz de estar ausentes mientras dormíamos, conocemos la satisfacción del descanso. Cuando nuestra vida consciente se reafirma a sí misma, podemos encontrarnos aún más plenamente con todas las cosas, por haber pasado un tiempo en la inconsciencia.

En nuestra vida de vigilia conocemos la dicha de la disolución sensual en el océano del amor físico y emocional, así como la dicha de flotar en los ritmos de ríos, lagos y mares reales. Experimentamos la armonía del bienestar corporal y emocional. Y conocemos, como mínimo, algunos momentos del día, o de la vida, que son espaciosos y libres.

A lo largo del ciclo de armonía, trastorno y recuperación de la armonía, reconocemos que en la armonía hay una felicidad libre y natural. Cuando somos conscientes de la armonía, solemos desear más. Cuando la perdemos, empezamos a buscarla. Como somos criaturas dotadas de un gran poder mental, procuramos pensar un camino que nos lleve de vuelta a la felicidad de la armonía. Buscamos circunstancias concretas que nos den placer e, inicialmente, experimentamos armonía cuando nuestros deseos se ven satisfechos, pero solo *inicialmente.*

Como la armonía que experimentamos adquiriendo un objeto de placer es relativa, la sigue invariablemente su propio final. Buscamos más o mejores objetos placenteros. Objetos más sofisticados, objetos únicos de conocimiento y experiencia, ampliando nuestros conocimientos de lo que puede y lo que no puede darnos más placer. Tenemos la esperanza de encontrar un placer inagotable. Buscamos la armonía absoluta y acabamos con las manos vacías.

Cuando reconocemos que la armonía relativa siempre tiene un comienzo, un desarrollo y un final, apreciamos que las alteraciones de nuestros estados de armonía relativa, por más que los rechacemos, son parte de la totalidad. Si tenemos suficiente madurez de experiencia, podemos dejar de esperar que el ciclo de armonía, trastorno y armonía sea diferente de lo que es. Ya no tenemos que luchar contra el desorden o el infortunio, e incluso podemos darle la bienvenida como parte del orden natural de las cosas. No es necesario que roben nuestra atención los pensamientos sobre lo que fue, sobre las razones por las que debería haber durado o sobre lo que podemos hacer para recuperarlo. La atención queda liberada para descubrir lo que siempre está aquí, cualquiera que se el grado de armonía o desarmonía que lo acompañe.

La armonía absoluta no está condicionada por los sucesos que vienen y van. No hay trastorno y no hay retorno. El absoluto subyace a todas las condiciones e historias porque es su sustrato. Es el espacio mismo. Solo pasamos por alto la armonía absoluta en nuestra identificación con las sensaciones, las emociones y los sentimientos asociados a ideas con respecto a quiénes somos y a lo que nos esta ocurriendo. Por supuesto, este solo que hemos usado aquí es enorme. Este solo se mantiene de una pieza por el proceso de individuación, una de las fases más poderosas de la vida consciente. La individualidad es una maravilla en sí misma, y también está limitada por sí misma. Es una fase que tiene un final. Acaba con la muerte física o al tomar conciencia de que uno mismo forma una unidad con el sustrato de todas las fases.

El caos del nacimiento da comienzo una historia cuyas fases son el caos, el equilibrio, la armonía y la alteración. Se trata de un proceso que durará toda una vida, un ritmo vital profundamente familiar que conocemos y revisitamos a nivel tanto fisiológico como emocional en casi todas las etapas de nuestro desarrollo. Por más esencial y aliviadora que sea la armonía, la profundidad exige trastornos. La armonía queda alterada para que las formas de vida salgan de su estado de larva. Al margen de que nuestra vida infantil haya sido fácil o difícil, fue el refugio donde emergió nuestro sentido del yo. A medida que fuiste creciendo, tu conciencia de ser «alguien» también creció. Tal vez tuviste la gran suerte de ser protegido con amor y ternura, y tu sentido de ti mismo se desarrolló de manera fácil y natural.

Muchos de nosotros tenemos un refugio que no es el ideal, y esto tiene una gracia desafortunada. Cuando el refugio es lóbrego, o al menos no muy nutricio, el desasosiego que acompaña al desarrollo de nuestro sentido del yo nos deja la sensación de que hay un agujero donde debería haber plenitud. Es posible que experimentemos una difusa sensación de vulnerabilidad. Tratamos de rellenar el vacío que tenemos dentro con diversos parches temporales. Aprendemos a ser más amables, a saber más, a ser más duros, a necesitar menos o a pretender que todo está bien.

Los agujeros en nuestros capullos son una muestra de que necesitamos algo, de que nos falta algo. Atraemos a otros o nos sentimos atraídos por otros que representan las fibras ausentes de una red de seguridad que dejó en nosotros una indeleble impronta de ausencia. Tenemos la esperanza de que esos otros nos den aquello de lo que carecemos. Y en las fases de armonía volvemos a sentirnos totales. Pero nada ni nadie puede llenar de forma permanente esa carencia interior.

Cuando estamos dispuestos a dejar de evitar el dolor de esta ausencia, a dejar de hacerle la guerra, a dejar de dramatizarla y de llenarla de objetos placenteros, la ausencia resulta ser una manera directa de experimentar la presencia viviente de la totalidad. El agujero que experimentamos puede llamarnos a un lugar más profundo de nosotros en un proceso de pura indagación. Puede revelar la insustancialidad del *yo* que percibimos necesitado de protección y compleción. El agujero mismo, cuando se experimenta directamente, es la ventana hacia la revelación del autoconocimiento.

De modo que, tanto si nuestros nueve meses de gestación y después nuestros primeros años —nuestra etapa en el capullo— fueron beneficiosos como si fueron dañinos, vivimos en una armonía relativa en comparación con los trastornos siguientes. Al final de nuestra primera etapa en el capullo, después del tiempo que pasamos en el útero que hemos habitado, la placenta estalla. La arremetida del mar de hormonas en la pubertad acaba con cualquier tipo de infancia en la que viviéramos; las realidades de la vida adulta alteran las idealizaciones que habíamos alimentado en la adolescencia, y el envejecimiento o la enfermedad acaban con la sensación física de que el yo es indestructible. Y cuando miramos atrás desde la perspectiva del presente, podemos ver que cada etapa tuvo sus capas de protección que la fase siguiente destruyó.

¿Aprendemos? Poco, aunque la sabiduría se afirma a sí misma en algunos tramos del camino. Nos hemos dedicado a luchar contra los trastornos y a anhelar lo que perdimos. Nos hemos sentido sorprendidos, e incluso ofendidos, cuando ha aparecido la alteración. ¿Podemos aprender? Sí, y ya es hora. En realidad, podemos afrontar los trastornos de manera plena. En lugar de anhelar el pasado, podemos evaluar lo que hemos perdido y estar abiertos a lo siguiente, soportando el dolor que acompaña las transiciones.

No estoy recomendando la simpleza mental ni la inocencia Nueva Era. Los trastornos globales exigen una enorme atención, y también la requieren muchos de los nuestros personales. Cabe la posibilidad de que en cualquier trastorno perdamos todo lo bueno. Estos suelen ser infinitamente complejos y ocurren a muchos niveles, de modo que la armonía relativa que teníamos antes parece simple en comparación. La clave consiste en darse cuenta de que, en los ciclos de crecimiento y desarrollo, toda la armonía que está sujeta a desaparición es temporal. La alteración y la armonía forman parte de la misma totalidad.

Cuando ya no nos limitamos a lamentar las fases que se han esfumado ni a luchar contra las que han aparecido, tenemos la madurez de descubrir lo que no se ha perdido en el trastorno. En este descubrimiento se revela una armonía más profunda e interna. No aumenta con la armonía relativa y no se pierde cuando esta se altera. Es absoluta.

La inmadurez de la familia de «El tesoro escondido» es un reflejo de nuestra propia inmadurez. Si se lo permitimos, las historias de enseñanza nos ofrecen un reflejo de nosotros mismos. Podemos ver que la familia vive en una burbuja de prosperidad, sin sospechar que nada pueda alterarla. Cuando se produce el trastorno, todos lidian con él de una manera inmadura, aunque normal. La inmadurez agrava el sufrimiento de la pérdida.

Es poco probable, e innecesario, que contemos historias sobre la naturaleza transitoria de la armonía cuando esta está presente. Es natural y recomendable descansar plenamente en la armonía, sentirse nutridos por ella y no mirar hacia un futuro en el que estará ausente. El trastorno ya es señal suficiente para darse cuenta de que la armonía relativa no es duradera, es la campana del *dharma* que llama nuestra atención hacia la rendición. Porque, si nos rendimos al trastorno tal como nos rendimos a la armonía, nuestro dolor por la pérdida no crecerá hasta convertirse en sufrimiento. Si reconocemos lo que implica intentar aferrarnos al pasado, simplemente podemos dejar de apegarnos.

Los siguientes puntos de indagación te permiten percibir que los periodos de armonía aparecen y desaparecen de manera muy natural en tu vida. Estas preguntas pueden ayudarte a tomar conciencia de la armonía mientras está presente, y también a percibir la armonía más profunda de tu vida que te permite afrontar la desarmonía de un modo que fomenta el crecimiento interno.

1. ¿Has sido consciente alguna vez del estado que precede al despertar después de un sueño reparador? ¿Dónde experimentas ese estado previo al despertar?
2. ¿Recuerdas un periodo presente o pasado en el que simplemente «te dejaras llevar», sin ser consciente de quienes te rodeaban, excepto como personajes menores de tu historia?
3. ¿Tienes algún sentimiento particular asociado con esa época?
4. Si es así, ¿puedes experimentar esos sentimientos directamente, sin ningún relato que los arrope? ¿Dónde se localizan en tu cuerpo? Sin juzgar ni rechazar, permite que tu atención penetre en cualquier sentimiento del cual seas consciente, como energía o como vibración. ¿Qué se revela?

Capítulo 6

LOS REVESES DE LA FORTUNA

El crecimiento más sustancial —y también las semillas de la autodestrucción— se produce con las grades conmociones y sacudidas de la vida. Estas convulsiones suelen provocar cambios de circunstancias no deseados, con las pérdidas subsiguientes. Incluso cuando estas sacudidas tienen lugar como consecuencia de un beneficio aparente (como ganar la lotería), el resultado es que perdemos el terreno o la identidad que nos era familiar. Cuando las conmociones son de naturaleza abiertamente negativa, solemos identificarnos como víctimas y experimentamos una abrumadora sensación de injusticia, aunque también pueden catapultarnos hacia el crecimiento interno.

La ira y el cinismo pueden arraigarse en nosotros y convertirse en nuestra visión del mundo, tal como ocurre en la historia didáctica de «El tesoro escondido» y en mi historia personal. O podemos empezar a sentirnos humildes y renunciar a la anterior sensación de «tener derecho». La humildad mental es esencial para la comprensión espiritual. Cuando aumenta la comprensión, se abre la posibilidad de participar en el mundo de forma más plena y libre, sin el peso del orgullo. Es natural que el entendimiento nos haga ver las realidades de la vida con más claridad.

Diariamente, en nuestro planeta, se producen terribles infortunios: genocidios; grandes procesos de victimización, tanto individuales como colectivos, y destrucción de vidas y fortunas a causa de catástrofes naturales. También está presente todo el espectro del sufrimiento causado por la tiranía de los gobiernos, las revoluciones, las ideologías y los diferentes sistemas económicos. Como individuos, podemos sentirnos impotentes en medio de la marea de la destrucción local y global. Y en muchos sentidos lo somos.

Nuestro sufrimiento puede parecer insignificante en comparación con el de tantos otros. Cuando lamentamos con razón los horrores de nuestro tiempo —el Holocausto, las torturas y asesinatos en Darfur, las masacres de congoleses, camboyanos, ruandeses, bosnios, kurdos y todos los demás grupos perseguidos, además de la muerte violenta de incontables individuos—, tenemos la posibilidad de decidir que nuestro propio dolor es trivial. Podemos sentirnos egoístas por el simple hecho de abordar nuestro padecimiento personal y concluir que no es del todo legítimo. Ciertas religiones y movimientos sociales nos enseñan a no prestar atención a nuestro propio sufrimiento; a ayudar a los que están muy necesitados o a preocuparnos únicamente del bienestar de nuestra comunidad. Pero la carga de nuestro padecimiento individual, sea cual sea su tamaño, nos impide ayudar a los otros de forma plena.

Cuando sufrimos, «legítima» o «ilegítimamente», en cierta medida nuestra energía y atención están involucradas en dicho sufrimiento. Estar dispuestos a decir la verdad con respecto a nuestro propio dolor, y a afrontarlo, libera nuestra energía y atención. Antes de esta liberación, todas nuestras actividades están influidas hasta cierto punto por la distracción que supone negar nuestro sufrimiento o regodearnos en él. Trabajamos por la paz mientras estamos internamente en guerra y, así, nuestro trabajo por la paz está teñido de guerra. Ofrecemos ayuda cuando la necesitamos, y la ayuda que damos está teñida de nuestras propias necesidades. Aquí te invitamos a dejar de comparar qué dolor es mayor o más «real» y, simplemente, indagar en tu propia experiencia. En este libro, la historia didáctica y mi historia personal forman la plataforma que puede sustentar esta indagación.

El nacimiento de mi hermanita me expulsó repentinamente de mi existencia armoniosa e inconsciente. Antes de que naciera, yo tenía un papel seguro y digno de atención, el de la niña pequeña. Mi hermano mayor, el príncipe coronado del apellido y el linaje familiar, era la estrella, pero como niña sentía su protección y el amor de mis padres. Esta seguridad que parecía permanente se invirtió de repente cuando nació mi hermana. Yo tenía seis años y era consciente de que mi madre estaba embarazada y de que pronto habría un bebé en casa. Pero, cuando el nuevo bebé, dulce y adorable, se presentó, me di cuenta de que no era una buena noticia para mí. Por primera vez tomé conciencia de que las circunstancias podían amenazar mi bienestar. No sabía cuál era mi temor, pero sabía que ya no estaba en un mundo amistoso. Otra criatura me había reemplazado como el centro del universo, y eso no me gustaba en absoluto. Ahora el hogar giraba en torno a las necesidades del bebé y, con razón o sin ella, me sentí excluida del círculo de amor. Estaba furiosa. Mis estallidos de ira hacían que me castigaran, con lo que aún me sentía más excluida. Entonces empecé a tener un puchero dibujado en mi rostro permanentemente. No era una buena estrategia para conseguir afecto.

Siempre había sido una niña flaca, pero en los meses que siguieron al nacimiento de mi hermana adelgacé todavía más. No tenía apetito. Por más que me riñeran papá y mamá, e incluso la abuela y nuestra doncella Susie, que fue una fuente de comodidad en mis primeros tormentos, simplemente no podía beber la leche. Me producía náuseas. Al final me amenazaron con enviarme a Preventorium, una institución situada al lado del sanatorio para tuberculosos en Magee, Misisipi. Aunque originalmente se había destinado a prevenir la tuberculosis infantil, cuando me enviaron allí se había convertido en un centro médico más general. Mis padres tenían más miedo a la polio que a la tuberculosis. Era a finales de la década de los cuarenta, antes del descubrimiento de la vacuna contra la polio, y el temor a esta enfermedad perseguía tanto a padres como a niños. Mi preciosa prima de doce años pasó de ser un marimacho revoltoso y bullicioso a estar confinada en un pulmón artificial cuando la atacó una cepa particularmente virulenta. El Preventorium era un lugar donde a los niños debiluchos se los podía cuidar con buena comida, aire fresco y ejercicio hasta que alcanzaran un estado de salud vigoroso. Eso es lo que se decía. Para nosotros, los niños, era una amenaza parecida a la de ir al Infierno.

Aunque lo intentaba, no podía tomar mi leche ni acabar mi plato de comida. Mis padres cumplieron sus amenazas y me enviaron a Preventorium. Y fue un infierno. Dormíamos en habitaciones colectivas, en camas de hierro con rejas altas. A mí me parecía que ninguno de nosotros quería estar allí, aunque algunos se adaptaron rápidamente. Yo no me adapté. Seguía sin poder beberme la leche, y me obligaban a llevar unos horribles pantalones cortos tipo bombacho. Aunque solo tenía seis años, me sentí avergonzada al oír que en verano teníamos que ir sin camiseta. Recé para que me sacaran de allí antes del verano. Para mí fue una temporada horrible que me pareció interminable, a pesar de que solo debí estar allí unos tres meses. Me sentí totalmente abandonada, no tenía amigos y la comida era aún peor que en casa. Lloraba cada noche. Le rezaba a Jesús antes de dormir. Él era mi última esperanza de ser rescatada.

La historia de «El tesoro escondido» nos muestra la reacción de una familia particular cuando les acontece una desgracia. Los reveses de la fortuna pueden presentarse paulatinamente o de repente. En esta historia, el revés viene de forma abrupta, pero las reacciones aparecen en un tejido vital que se ha ido creando a lo largo del tiempo. Todos los infortunios tienen hilos que se extienden hacia atrás en el tiempo, aunque se manifiesten repentinamente. En el caso de esta historia, si el padre hubiera incluido a la madre en su plan para la provisión futura, la situación económica de la familia no se habría alterado tanto. Este hilo de la vida de esta familia hizo que los otros hilos, en apariencia más armoniosos, empezaran a enredarse.

En este capítulo y en el siguiente, toda la familia puede ser vista como un diorama de reacciones personales ante el cambio negativo. Como en toda historia que ejerce una influencia sobre ti, se te invita a entrar en los personajes para que la historia tenga que ver contigo. Una vez más, se te convida a ponerte en el lugar de cada personaje para ver cómo todos ellos encajan contigo. Todos los interpretes de todas las historias pueden acomodarse a cada uno de nosotros. Podemos vernos a nosotros mismos en cada uno de ellos.

Cada persona de esta simple historia tiene complejidades inconmensurables. Cada una tiene, como mínimo, sus puntos de luz y sus momentos de oscuridad. Sus deseos, frustraciones, victorias y derrotas. Cuando estamos dispuestos a reconocer lo parecidos que somos en nuestras estructuras emocionales y mentales, la forma que esta asume no nos resulta tan extraña. Es posible que no hablemos el mismo lenguaje verbal, pero todos tenemos impulsos, instintos y emociones. Tal vez nuestras culturas sean radicalmente diferentes, pero todos somos criaturas humanas. Como tales, queremos sentirnos conectados y estar protegidos. Cuando la conexión y la protección están alineadas, hay relajación y armonía; cuando están en conflicto, tenemos que elegir. Cuando está presente la tensión producida por la falta de conexión o de protección, también está presente el potencial para todo tipo de situaciones, desde la escalada continua del conflicto —locura o guerra— hasta un inmenso crecimiento interno.

Nadie desea el cambio negativo. Pero, como es algo inevitable en la vida, resulta extremadamente útil reconocer tanto los sentimientos normales como las sorprendentes potencialidades que evoca. Porque, si bien cuando sufrimos un revés podemos sentirnos desamparados y consternados, en nuestro conocimiento celular tenemos millones de años de adaptación. Es posible que no sepamos qué hacer en un momento particular, pero un ingrediente esencial de nuestra inteligencia innata es la capacidad de descubrir cosas nuevas.

En la historia de «El tesoro escondido», desaparece la protección y aparece la tensión negativa. Vemos que la familia reacciona de la manera habitual. Añaden sufrimiento adicional al dolor de la contrariedad padecida. Al contemplar la tragedia de cómo afrontan la negatividad con más negatividad, desde nuestra perspectiva de lectores y observadores, podemos ver que hay otra posibilidad. La capacidad de elegir de manera nueva y fresca requiere que estemos dispuestos a experimentar el dolor de la pérdida y, en esa experiencia, descubrir lo que queda intocado por cualquier infortunio. Es posible que esta no sea la elección instintiva y, ciertamente, no es la elección normal. Sin embargo, está disponible para todos nosotros. Los personajes de nuestra historia se olvidan de esta elección, y de niña, probablemente, yo ni siquiera había oído esa palabra. No se me permitía elegir; se me decía lo que ocurriría si no bebía la leche. Y ocurrió. Como realmente no podía beber la leche, el concepto de tener elección me resultaba extraño. Al comprender la inconsciencia o la impotencia de los distintos personajes, podemos descubrir cómo nos mantenemos en la ignorancia y en la impotencia en nuestras propias historias. Ojalá su inconsciencia y la mía sirvan para despertarnos a todos a nuestras capacidades más profundas para soportar la verdad de la realidad y, al soportarla, para descubrir las elecciones conscientes e inconscientes que hacemos con respecto a nuestra experiencia de la realidad. Ojalá la posibilidad de estas elecciones dirija nuestra atención hacia la sustancia misma de la realidad. Ojalá que, en ese descubrimiento, todos podamos realizar más plenamente la verdad que está en nuestro núcleo.

Para ponernos en la piel de la esposa y madre de la historia, no necesitamos suspender nuestras personalidades o nuestras reacciones habituales. La historia se cuenta simplemente para que dispongas de suficiente espacio para encontrar tu lugar en ella tal como te conoces a ti mismo. Puedes conservar tu personalidad, con tus gustos y aversiones particulares, con tus talentos y disfunciones, mientras eres esta esposa y madre.

¿Puedes imaginar cómo era esta mujer antes de sufrir el infortunio? No conocemos los pormenores acerca de cómo se la proveía de lo necesario, pero sí que ella sabía que se la cuidaba y se sentía muy cómoda. Tal como no necesitamos entender las propiedades del oxígeno, y ni siquiera saber que existe, para respirarlo, tampoco tenemos por qué conocer las propiedades ni la existencia de lo que nos nutre en otros ámbitos de la existencia. Como la mujer vivía en una comodidad que había durado algunos años —solo con cambios menores de vez en cuando, ninguno de los cuales le fueron explicados—, debía de tener una sensación de seguridad, consciente o no.

Aunque seas una persona muy ansiosa, en nuestra historia tus ansiedades tienen que ver con asuntos menos importantes que la provisión básica o tu necesidad esencial de respirar. En tu propia historia, ¿sientes ansiedad con respecto a tener suficiente oxígeno o agua, o son tus ansiedades relativamente más superficiales, aunque parezcan esenciales? Si es así, puedes identificarte con esta esposa y madre. Si te pones en su piel, reconoces que a veces tú, tu marido o los niños estáis enfermos; a veces no tienes tu hogar como te gustaría, y a veces tu marido o los niños te irritan. Incluso es posible que en ocasiones sueñes con una vida más emocionante. Pero, cualesquiera que sean los dolores y placeres que surjan en ciertos momentos, el trasfondo omnipresente es que estás segura de tener suficiente comida, abrigo y oportunidades para tu familia. Tienes la suerte de estar más preocupada por los detalles de la vida. Pero entonces todo cambia.

En nuestra historia, hace falta algún tiempo para que la realidad del cambio se aposente. Nuestra esposa y madre ha vivido bien durante tanto tiempo que, cuando esto se interrumpe, no lo registra plenamente. Todos somos capaces de negar, al principio, que ha ocurrido una pérdida. Su mente se dedica a explicar la tardanza; la preocupa que su marido pueda estar enfermo. ¿Cómo reaccionarías tú? ¿Qué te dirías a ti mismo? Cuando, de repente, sin falta alguna por tu parte, tu mundo se ha puesto cabeza abajo ¿cómo has reaccionado?

Sin previo aviso, sin razón ni explicación, tu mundo colapsa. El proveedor no retorna de donde quiera que fuera a acumular provisiones. (Como si el aire que respiras ya no satisficiera las necesidades de tu ser físico). En ese momento de la historia descubres cuál es tu primera reacción ante este cambio enorme.

En algún punto de este proceso tomamos conciencia del pánico que hay detrás de la preocupación. El tiempo que tardemos antes de que la sensación de pérdida y vulnerabilidad se asiente puede variar de una persona a otra, pero, en algún momento, reconocemos que nuestra fuente de seguridad ya no está presente. Si el amor real también forma parte de tu versión de la relación entre esta esposa y su marido, entonces esta ausencia repentina e inexplicada añade el dolor emocional de la soledad a la posible historia de abandono.

Todas estas reacciones son normales. No hay nada malo en ellas. Una esposa que confía en su marido, y está posiblemente conectada con él de forma profunda, se preocupa y lo echa de menos cuando él se ausenta de manera inexplicable. Como los humanos somos animales sociales e interdependientes, el dolor de la pérdida es natural, y puede ser observado en todos los animales sociales. No hay necesidad de asumir que este dolor no debería estar presente. Estamos apegados unos a otros de mil maneras. Cuando se cortan estos apegos, sentimos dolor. Lo que nos causa sufrimiento no es el dolor natural que acompaña la pérdida severa. Es lo que hacemos con el dolor natural lo que produce un sufrimiento innecesario.

En mi historia yo sentía que había sido desterrada mientras el resto de mi familia continuaba felizmente junta. El hecho de haber sido infeliz antes de mi destierro no apaciguaba mi sufrimiento. Aunque era desdichada, me sentía protegida. Ahora, por primera vez, me sentía sola y vulnerable. Aterrorizada, enfadada y triste. Tenía razones para sentirme así. Y eso era todo lo que conocía. No tenía los recursos de una mente madura para averiguar cómo sacar el mejor partido de una situación lamentable, aunque algunos de los otros niños lo hacían. El consejo de sentir el dolor de mi pérdida aún más profundamente me habría aterrorizado todavía más. Mi sistema nervioso ya estaba sobrecargado y no percibía ninguna alternativa. Era una niña y necesitaba el confort que requieren los chiquillos en momentos de pérdida. ¿O no? Tal vez sea más interesante darse cuenta de que aquellos días horribles eran el marco necesario para la gracia que vino después.

Cualquiera que sea la evaluación retrospectiva, en aquel tiempo era muy desdichada en el Preventorium y respondí de manera lamentable. Sospecho que habría sido una experiencia desagradable independientemente de cómo la procesara en mi mente. Pero las conclusiones que extraje y mi fidelidad a dichas conclusiones hicieron que fuera aún peor. No pretendo culparme al reconocer cómo contribuí a mi propio sufrimiento. No sabía qué estaba haciendo. No supe hacerlo mejor. Ahora sí. Examinemos la posibilidad de ser cada uno de los demás miembros de la familia de nuestra historia. Tal vez, al principio, los niños no notaron la ausencia del padre. Sabemos que, a menudo, se ausentaba por trabajo. No sabemos qué tipo de padre era cuando estaba presente, de modo que aquí tu imaginación puede sustituirlo por tu propio padre. Aunque el tuyo solo aportara el esperma necesario para que nacieras y después se fuera, puedes experimentar haber recibido eso y, a menos que entrara otro padre en tu vida, haber sido abandonado después.

Tanto si tu padre estaba en segundo plano como en primero, dándote amor tanto si te brindaba el apoyo suficiente como si era un capataz frío e implacable, imagina que el proveedor de algún tipo de seguridad, de repente, se ausenta. Te das cuenta de que tu madre está tensa y preocupada, y la descubres llorando en cualquier momento. ¿Qué ocurre cuando lo que te proporcionaba apoyo en la vida ya no está presente como antes? Cuando tú, al identificarte con los niños de esta historia, reconoces finalmente que falta la fuente de la seguridad esencial, ¿qué sientes?. Para los que confiaban en su padre como fuente de amor y reconocimiento, para los que amaban a su padre y sentían su amor, su ausencia y la desazón de la madre son trastornos traumáticos. Tal como los que están conectados con aspectos del mundo natural lamentan la pérdida de un elemento esencial, nosotros lamentamos la pérdida de lo que nos sustenta. El agujero que queda en el corazón es innegable para aquellos que conocen el amor incondicional y después sienten el desastre de su ausencia. Y si no puedes imaginar un amor así por un padre real o de ficción, ¿puedes imaginar la desaparición del Sol? Ya has experimentado días nublados anteriormente, pero esta vez es diferente. Con cada día que pasa, algo se va hundiendo más en tu pecho a medida que se hace evidente que el Sol no está detrás de las nubes; se ha ido.

Si la madre y los niños confiaban en el padre para obtener sustento y se sienten a la deriva, cada uno a su manera —y tú mismo a tu manera al entrar en la historia—, ¿qué hay del padre? Puedes ser el padre y enfrentar los últimos momentos de su vida. En su día, el padre fue joven y tuvo unos padres buenos, malos o indiferentes. Tiene algún tipo de experiencia de la infancia, de la adolescencia y de la madurez. Sabemos que se casó. Pero ¿cómo era su vida interna y externa antes del matrimonio? Por lo que sabemos, vivía una vida responsable, cumplía su deber y proveía para el presente y para el futuro. ¿Era secretamente un poeta, un filósofo, un genio? ¿Le encantaba bailar? ¿Dar paseos temprano por la mañana? Sabemos que en sus últimos momentos fue víctima de una multitud de fanáticos. Pero ¿se sintió atraído hacia esa manifestación por alguna profunda necesidad espiritual o fue una desgraciada coincidencia? ¡Son tantos los detalles de una vida que nunca podremos conocer!

¿En qué momento está dispuesto a reconocer que su historia ha terminado? Tal vez solo tenga un instante, pero, como nuestra historia es lo suficientemente flexible para incluir la participación nuestra, podemos permitir que ese instante se alargue mucho. Sus últimos momentos pueden incluir lo esencial de su vida. ¿En qué ha consistido su vida? ¿Se lamenta de algo? ¿Necesita decir algo que ha callado? Sabemos que habría de haber transmitido la información sobre la provisión para el futuro. Pero ¿qué hay de su ser interno? ¿Qué nos puede decir en sus últimos momentos de su ser esencial? ¿Qué ha sido verdaderamente importante en su vida? ¿Qué últimas palabras dedicaría a sus familiares, a sus padres, a su mundo, a sus dioses?

No podemos decir lo que a él le hubiera gustado decir, pero sí ponernos en su lugar y saber lo que nosotros queremos decir. Sabemos con seguridad que no tuvo tiempo de hacer las cosas que le hubiera gustado hacer ni de decir lo que necesitaba. Saber que le faltó tiempo es el regalo que recibimos de él para el tiempo que nos queda.

Ponte en el papel del padre: en el momento de darte cuenta de que tu muerte es segura, ¿qué mensaje enviarías a los que quedan atrás? En este instante, incluso en la pequeña muerte del instante anterior, ¿qué te queda por decir? ¿Por qué no tomas este momento, dejas el libro a un lado, te tumbas y te permites experimentar que estás al final de la historia de tu vida personal? Aparezca lo que aparezca ante ti, cualesquiera que sean los lamentos o las satisfacciones que pasen por delante de tus ojos, ¿dónde estás? ¿Cuál es tu sustancia?

La declaración intemporal de Buda «la vida es sufrimiento» no tendría sentido si el cambio no fuera el ingrediente esencial de la sustancia vital. Nuestra sustancia no se limita a las cosas materiales, incluyendo nuestros cuerpos, sino que abarca nuestras relaciones, sentimientos, ideas y todos los demás aspectos de nuestro mundo. La receta de Buda para curar las enfermedades del mundo era el desapego. Existen personas que no están apegadas a su mundo y que no sufren. Entonces, ¿esto quiere decir que quienes estamos apegados a nuestro mundo nos condenamos a una vida de sufrimiento? No. Inquirir directamente en el núcleo del sufrimiento es otra medicina igual de potente.

Tomar la medicina del desapego exige una disciplina rigurosa. Asimismo, la medicina de la indagación requiere un rigor particular. Dicho rigor consiste en estar dispuestos a descubrir la verdad de algo —del pensamiento *yo*, de cualquier sentimiento, sensación o emoción— sin confiar en ninguna definición. Podemos sentir pena y, cuando estamos dispuestos a no definir ni el dolor, ni la pena ni a nosotros mismos podemos descubrir la naturaleza —la sustancia— de ese dolor, de esa pena, de ese *yo*. Podemos afrontar con plenitud el sufrimiento que acompaña los infortunios y, cuando nos encontramos consciente y plenamente con el sufrimiento, este deja de ser sufrimiento. Por más indeseados y molestos que sean, el cambio y la pérdida suelen ser los catalizadores esenciales del despertar. Las desgracias nos producen conmociones que nos abren. De repente, nos vemos obligados a mirar más allá de nuestra anterior visión de la vida. Sentimos el anhelo de satisfacción, de paz o de iluminación porque nuestra complacencia anterior se altera. Ya no podemos esperar, de manera infantil, que el mundo se adapte a nosotros. Para vivir plenamente es esencial esta visión expandida.

Teóricamente esto es fácil de entender. El reto —cuyo resultado son valiosísimos beneficios— consiste en estar dispuesto a experimentar directamente y de manera completa el cambio no deseado. Sumergirse en el vientre de la bestia de la pérdida es una experiencia más directa y vital que la mera aceptación de la pérdida. Cuanto más directa es la experiencia, menos se piensa en ella. En la experiencia abierta, consciente y libre de pensamiento, es natural descubrir lo que reside en el núcleo de toda pérdida y de toda ganancia. Tenemos que estar dispuestos a abrirnos a lo desconocido, aunque creamos que nos va a aniquilar. Se trata de afrontar la muerte, de enfrentarla definitivamente.

Cuando estamos dispuestos a afrontar el cambio en sus propios términos en lugar de en los nuestros, podemos sentir el dolor de la pérdida sin estar condenados a que nos haga sufrir. El sufrimiento exige una historia personal con héroes y villanos. Requiere una resistencia a la realidad tal como es por medio del proceso de pensamiento. Al referirnos a la memoria o a la fantasía, y ambas son historias, «sabemos» cómo debería ser la realidad.

Cuando se presenta un cambio que no es deseado en nuestras vidas, nosotros, como adultos, tenemos elección. Es posible que se nos impongan tanto el cambio como el probable dolor que lo acompaña, pero nuestra elección reside en cómo nos relacionamos con ese dolor. Si, en contra de nuestra intuición, abrimos nuestras mentes y nos rendimos al dolor (la rendición no es indulgencia teatral), descubrimos que es efímero. El sufrimiento de la pérdida se disipa y revela el sustrato de la mente abierta y espaciosa.

La conmoción misma del cambio, con su pérdida o su ganancia, es el mayor regalo. Antes de experimentar la rapidez con la que todo puede cambiar, solemos sentir que tenemos una serie de derechos en la vida. Como la familia de nuestra historia, deambulamos por la vida disfrutando de la abundancia presente sin reconocer lo precioso y breve que es todo.

Como humanos del siglo XXI, se nos bombardea con mensajes sobre todo lo que no tenemos. Podemos sucumbir a esos mensajes, especialmente si vemos que otros tienen más. La televisión y los anuncios de todo tipo juegan con esta tendencia y se alimentan de ella. Pero, si de repente no tuviéramos suficiente para comer ni pudiéramos descansar lo necesario como para leer un libro, reconoceríamos nuestros actuales privilegios como la bendición que realmente son. Está en nuestra naturaleza humana dar por supuesto lo que tenemos, sentir que tenemos derecho a ello y, en consecuencia, si lo perdemos de repente, sentir dolor ante un cambio tan radical. Esta reacción normal puede ser el trampolín que nos proyecte a la raíz del sufrimiento y, una vez desde ahí, al fundamento de nuestro ser.

El cambio es el hecho más incontrovertible de nuestro mundo y, sin embargo, es el hecho contra el que más guerreamos y el que más nos hace sufrir. Es posible que lo anhelemos, que lo temamos o que nos sintamos destrozados por él, pero raras veces lo afrontamos como el hecho que es. Todo lo que se mueve cambia. Todo lo que nace cambia. Todo lo que se piensa, se siente o se experimenta cambia. Todos los sucesos, todas las visiones, todas las luchas, todos los planes, *todas las cosas* cambian.

Aunque es posible que nunca tengamos que afrontar la pérdida de todo, podemos reconocer que incluso perder *algo* puede generarnos dolor y sufrimiento. Perdemos objetos reemplazables y sin embargo queridos, y nos lamentamos; perdemos nuestro lugar en la cola y nos enfurecemos. Si nuestro candidato pierde las elecciones, lo denunciamos como un robo. La lista sigue indefinidamente. En lugar de hacer juicios de valor fáciles sobre la superficialidad de nuestras quejas, podemos afrontar el dolor generado por todo tipo de pérdidas, desde las mayores hasta las más superficiales. De esta manera, tanto nuestras preocupaciones neuróticas como nuestras pérdidas verdaderamente grandes pueden servir para despertarnos. En muchos sentidos, los infortunios son inevitables para todos nosotros. Gracias al misterio de la suerte y la gracia, los reveses son manejables y, aunque lamentemos las pérdidas, no nos quedamos desolados. Nos adaptamos al cambio y abrimos nuestras mentes para descubrir la belleza que sigue presente. Tal vez se produzcan otros cambios positivos que nos aporten ganancias, y nuestra atención se liberará temporalmente de las pérdidas. Tal vez nos demos cuenta de que el cambio simplemente es parte de la vida y tengamos la madurez de no quedarnos fijados en lo que ya no tenemos.

Todos nosotros, cualquiera que sea nuestra edad, conocemos la experiencia de la pérdida que nos produce un cambio temporal o permanente. Tanto a incapacidad como la enfermedad temporales o permanentes son grandes maestras de lo despiadado que puede ser el cambio. Solemos luchar contra el cambio, y nos regocijamos cuando el cuerpo físico o emocional retorna a su estado anterior o conseguimos adaptarnos de algún modo.

Algunos cambios no son fáciles de incorporar a nuestra vida. Cuando se produce un cambio devastador, podemos sentir que hemos perdido el sentido de nuestra vida, o que somos incapaces de recuperar la fuerza vital. Cuando pierdes a un ser querido, o vives los múltiples horrores de ser atacado o de ser el atacante en alguna guerra, o de ser odiado, o de sufrir algún tipo de abuso, puedes sentir que te han arrancado una gran parte de ti. Puedes tener la sensación de que el dolor ha abierto un agujero en el tejido de tu ser y que la fuerza vital te abandona. El agotamiento de seguir viviendo puede parecerte otra pérdida añadida.

Cualquiera que sea su causa, el dolor que acompaña la pérdida puede impregnarlo todo. Aunque los evitemos o los encubramos con actividad, los dolores a menudo siguen allí, abrumándonos. Por más que racionalicemos el cambio y la pérdida, el dolor de está puede resultar intratable. Por más universos que imaginemos en los que la pérdida no ocurrió, hasta que no la afrontamos como es, continúa burlándose de nosotros con su poder recurrente. En sueños y recuerdos anuncia que nos tiene en sus manos. Tanto si volvemos a visitarla como si huimos de ella, es ella la que sigue al mando. Creemos que es nuestra maestra.

No lo es. Cuando nos encontramos plenamente con el dolor de la pérdida, sin resistirnos a ella y sin esperar recuperar lo perdido, nuestro dolor se revela asombrosa y simplemente como algo insustancial. Para afrontar la pérdida con desnudez, tenemos que recuperar la atención que damos a su historia. La historia que contamos sobre nuestra pérdida —incluso si la narración cambia con el tiempo, incluso si contempla los beneficios eventuales que se produjeron gracias a ella —solo sirve para mantener intacto el sentimiento de pérdida.

Solo descubrimos la insustancialidad del dolor cuando estamos dispuestos a abrir nuestras mentes y a entrar conscientemente en él. Puede que otros sentimientos esperen debajo del dolor inicial, o podemos hallar la espaciosidad de la mente abierta, pero el dolor concreto asociado a la historia de pérdida no sobrevive cuando lo afrontamos directamente.

¿Qué bien pueden hacerte las palabras de consuelo cuando sientes profundamente que has perdido algo esencial en tu vida? De niño, esas palabras pueden proporcionarte un refugio temporal. Pero, cuando eres adulto, a menudo suenan huecas. Nuestra práctica de meditación puede ofrecernos periodos de alivio. Pero, si continuamos con nuestra historia de pérdida después de la práctica, seguimos sufriendo. Los amigos y las filosofías pueden ayudarnos a adoptar el punto de vista adecuado. Pero ¿dónde están cuando el demonio viene a visitarnos a las cuatro de la mañana?

Los grupos de apoyo y las terapias pueden ayudarnos a ver los patrones de sufrimiento y a deshacerlos. Sin embargo, cuando se nos ayuda a superar una pérdida, si no descubrimos nuestra capacidad de abrirnos directamente al dolor, el siguiente gran cambio o pérdida producirá el mismo sufrimiento. Y la siguiente gran pérdida producirá un dolor aún peor si hemos asumido que, una vez curados de una pérdida, ya somos inmunes a las futuras. También podemos mostrarnos cautos, en guardia, atentos, en un intento inútil de protegernos de futuros desengaños.

Porque aquí estamos hablando de desengaños. No sentimos dolor cuando perdemos lo que no amamos. Anhelamos el cambio y la pérdida de la mala salud, de las emociones negativas y de las circunstancias abusivas. Buscamos el cambio positivo y sufrimos cuando no llega con suficiente rapidez.

Al buscar o evitar el cambio, y lamentar la pérdida que supone, nuestros pensamientos y comportamientos libran una batalla inútil e interminable. Este esfuerzo de Sísifo por controlar la vida nos deja agotados mental y espiritualmente.

Y la vida nos pasa por encima.

Podemos decidir, desde una perspectiva metafísica, que todo es perfecto, que Dios no comete errores o que el karma determina nuestro destino. Podemos afirmar que solo atraeremos cosas buenas si solo pensamos en atraer cosas buenas. O, como se propone en este libro, podemos encontrarnos con nuestra experiencia sin necesidad de ningún sistema de creencias. Indagar directamente en lo que está aquí ahora, sin determinar si lo que estamos sintiendo en este momento es bueno, malo, perfecto, kármico, si no tenemos elección o si es pura ilusión. Si renunciamos a la necesidad de clasificar la experiencia, aunque sea por un momento, tenemos la capacidad de indagar *en* ella. Podemos usar nuestra energía atenta para expandirnos hacia el estado o sentimiento que hemos tratado de controlar o evitar.

A esto lo sigue la comprensión, pero es una comprensión que va de dentro hacia fuera. Cuando estamos dispuestos a no saber qué es un sentimiento particular, tenemos la posibilidad de indagar en él. La curiosidad por lo desconocido es natural en nosotros cuando no tenemos pensamientos de evitación. El descubrimiento directo produce comprensión inmediata y entendimiento a largo plazo.

Nuestra educación, nuestra manera habitual de pensar, nos lleva a intentar saber qué es algo, y después decidimos qué hacer con ello. Por supuesto, esto es perfecto y nos ahorra tiempo en incontables ocasiones. No tenemos que reinventar la información aprendida de las generaciones precedentes. Como especie inteligente, hemos hechos avances extraordinarios y hemos acumulado vastos conocimientos en todos los campos de estudio. La ciencia y la tecnología han contribuido a nuestro avance gracias al pensamiento fuerte y disciplinado, y al aprendizaje. Hemos aprendido que los seres humanos y todas las criaturas tenemos derechos básicos. Hemos aprendido técnicas para comunicarnos mejor, para gestionar mejor, para ser mejores ciudadanos. Hemos aprendido lo que hace falta para ser mejores profesores y alumnos. Hemos aprendido que la tolerancia fomenta la cooperación. Y también lo que nuestros destructivos hábitos de consumo pueden hacer al planeta.

No obstante, cuando tratamos con el dolor personal profundo, todo nuestro aprendizaje falla. La experiencia directa, basada en el *no saber consciente*, es lo que abre la puerta al descubrimiento de algo nuevo y fresco. Sabemos que el cambio es natural e inevitable para todas las formas de vida, pero, cuando lidiamos con *nuestro dolor*, este conocimiento abstracto resulta inútil. Cuando nos golpea con crudeza un cambio emocional, es de muy poca ayuda el conocimiento de los procesos que duran miles de años, de los movimientos políticos que surgen y pasan a lo largo de la historia o de la evolución de un conteniente, de una nación o de otra persona.

En la historia «El tesoro escondido», el infortunio golpea duramente. Y la mala suerte parece irreversible. Como quiera que los miembros de la familia, individual y colectivamente, lo nieguen, luchen contra ello o se lamenten, aparentemente, quedan en la ruina. Han perdido su inocencia. Y, por más dulce que esta sea, perderla temporalmente es esencial para madurar. La inocencia madura no se basa en ser inconsciente y creerse con derechos. Se descubre después de pasar completamente por el fuego de la pérdida.

Las preguntas siguientes se te ofrecen para que puedas afrontar directamente cualquier residuo de resistencia al cambio y a la pérdida en tu propia vida. Es mejor responderlas con libertad y sin enmiendas. No hay respuestas «correctas», y estas no tienen que ser hechos reales para ser relevantes. A veces resulta útil trabajar con un compañero y preguntar y responder muchas veces a cada pregunta por turnos.

Preguntas para la indagación:

1. ¿Qué has perdido?
2. ¿Eres consciente de haber ganado algo con tu pérdida?
3. ¿Esa pérdida pasada sigue dirigiendo tu vida o tu definición de ti mismo en algún sentido?
4. ¿Percibes algún peligro en renunciar a tu historia de pérdida?
5. ¿Estás dispuesto a vivir sin repasar en tu memoria la historia de lo que perdiste?
6. ¿Dónde se localiza el sentimiento de «pérdida» en tu cuerpo?

7. Si afrontas este sentimiento de pérdida completamente, soltando la historia de lo que perdiste, ¿qué experimentas?

Puede haber capas de emoción a la espera de que te encuentres con ellas. Puedes abrirte completamente y afrontar cada sentimiento según vaya apareciendo. Sé consciente de la inclinación a empezar a contar una historia, que puede ser nueva o resultarte familiar, para evitar el encuentro directo. Abandona la historia y deja que tu atención penetre en el sentimiento.

Capítulo 7

INFIERNO

En las aguas más oscuras, sin siquiera bote salvavidas, cuando se pierde la fuerza del propósito interno y se reconoce que el final está lejos, el mundo infernal parece interminable. Sin esperanza, ni ayuda, ni comprensión. A la deriva, pero sin la actitud soñadora de quien deambula, los sentidos están muy agudizados, saturados de sonidos, sensaciones y pensamientos, y el cuerpo duele o está insensible. Calor que quema o frío que congela. En el infierno —seco como el polvo, goteando la podredumbre de los sueños perdidos— no hay alivio. Existe una necesidad urgente de escapar, acompañada de la certeza de que es imposible hacerlo. Los recuerdos de *lo que una vez fue*, y la vana búsqueda de prevención en *lo que es*, perpetúan la tortura interna.

El infierno no es locura, aunque está lleno de los elementos de la locura. No es engañoso, aunque hay tormentos internos que imitan los engaños. Hay una claridad desnuda en el descenso, miedo a la locura y ganas de que se trate de locura, porque en la locura verdadera es posible un tratamiento. Y tratamiento significa esperanza.

El infierno es un desierto desesperado del alma, aunque el funcionamiento externo puede mantener el profundo sufrimiento infernal alejado de la vista de otros. Sin duda es una pesadilla, pero cada día revela que la pesadilla es despertar, tanto como dormir. Una depresión, un episodio psicótico, una emergencia espiritual, una noche oscura del alma. ¿O simplemente la realidad? Cualquiera que sea la etiqueta que le pongamos a esta experiencia, es limitada y finalmente inútil.

¿Cómo hemos llegado aquí? ¿Hubo señales de aviso? Si es así, ¿qué podrías haber hecho para evitarlo? ¿Qué es lo que genera este espacio y por qué? ¿Cómo podría la benevolencia, esté donde esté, permitir tal sufrimiento interno?

Donde antes había amigos, ahora solo hay adversarios. Donde antes había espacio, ahora solo queda un confinamiento pegajoso. Donde antes había certeza de un futuro lleno de posibilidades, ahora está la prisión de la condena a este presente inhumano y empobrecido.

A lo largo del tiempo, *infierno* es el término que mejor ha descrito este tormento interno. Solo este infierno puede volver humilde la mente arrogante.

Como la mayoría de las personas que alcanzan la edad adulta, en mi vida he pasado por algunos infiernos. El primero que puedo recordar lo experimenté a los seis años. Había estado enferma con fiebre y estaba durmiendo una siesta en la cama de mis padres. Cuando desperté, pude oír llorar a mi nueva hermanita. El llanto era terriblemente sonoro. Aunque ella y mis padres estaban en el piso de abajo y yo en el de arriba, sus lloros, que en realidad eran gritos, llenaban la habitación. Sentí muchísimo temor y corrí a ocultarme en el armario. No recuerdo cuánto tiempo estuve escondida, pero finalmente el terror pasó y tuve el valor de bajar. La familia estaba reunida alrededor de la mesa de la cocina. Ahora ya no había gritos, y me dieron la bienvenida a la reunión. Pregunté por el llanto, pero nadie recordaba nada especial con respecto al bebé.

Después de este suceso misterioso, empecé a tener más experiencias terroríficas. Cualquier ruido me parecía muy fuerte y me aterraba. Entonces sentía que mi cuerpo desaparecía. En primer lugar, cambiaba varias veces de tamaño, pasando de ser enorme a ser tan fino como un cabello. Cuando sentía que empezaba a desaparecer totalmente, corría a buscar ayuda. Mi madre no podía ayudarme: se sentía tan confusa ante mi pánico como yo misma. Pero teníamos una doncella maravillosa, Susie, que se convirtió en mi refugio. Ponía la cabeza entre sus grandes pechos, ella me abrazaba y allí volvía a sentirme segura. Así pasaba mi «ataque».

Como quiera que se categorice la experiencia —ataque de ansiedad y experiencia de salida del cuerpo son los diagnósticos que le he aplicado en distintas ocasiones—, en aquellos momentos era un puro infierno para mí. Cada uno de nosotros tiene su propia versión del él, aunque tal vez el horror que se experimenta sea similar. En la historia didáctica «El tesoro escondido», la pérdida de la abundancia evoca el reino infernal. Pero los reinos infernales no se limitan a la privación material. El infierno está habitado por gente de todos los niveles sociales. En las sociedades más ricas y poderosas hay tanto sufrimiento causado por los infiernos personales como en las más pobres. Aunque tener satisfechas las necesidades materiales ofrece protección del infierno de la pobreza, en realidad nada puede protegernos de nuestros infiernos internos.

Para nuestro propósito de indagación profunda, en los reinos infernales internos es donde descubrimos las verdades más esenciales. Porque, por más que luchemos contra nuestro infierno interno, sus azotes no cesan y su invisibilidad los hace aún más brutales.

El infierno es el más peligroso de los reinos internos, porque podemos sentir la tentación de renunciar a nuestras almas por la mera posibilidad de ser liberados. O podemos aprender a sobrevivir pesadamente en el infierno sin recibir la enseñanza despiadada que tiene que ofrecernos. Podemos intentar sobornar a nuestra idea de Dios con promesas de ser mejores personas, jurarnos que hemos aprendido la lección, postrarnos ante algún satán interno para intentar, al menos, conseguir una posición mejor en algún escalón infernal. Pero, para recibir la enseñanza del infierno de verdad, tenemos que quedarnos aquietados en medio de la desdicha.

Tenemos que dejar de quejarnos y de gritar, de llorar o de luchar el tiempo suficiente como para considerar qué podría ofrecernos el infierno, además de más sufrimiento. Esta pregunta es nuestro punto de indagación.

Cuando estamos dispuestos en cierta medida a mirar dentro de las fauces del infierno, en lugar de seguir nuestro instinto natural de salir huyendo, tenemos la capacidad de descubrir sus enseñanzas más profundas. Estas, por su propia naturaleza profunda, deben ser accesibles en cualquier parte. Y es en el infierno donde no queremos tener que mirar.

A lo largo de la historia, hemos recibido informes de aquellos que han descendido al vientre de la bestia. Grandes artistas de todo tipo y, sin duda, los grandes místicos, y personas normales como cada uno de nosotros se han asomado al menos al borde del infierno. Desde el sufrimiento sangrante de Cristo, y su lamento por haber sido abandonado, hasta los cuadros de Goya, con sus pruebas horripilantes del infierno de la guerra, pasando por los ojos desnudos de los prisioneros torturados cuando «confiesan», reconocemos eso que más tememos. El doloroso sufrimiento de cualquier persona cuyo mundo ha colapsado ante cualquier tipo de pérdida —así como el ataque misterioso del colapso interno sin ninguna causa externa— prueba que el infierno es un hecho de la vida horrendo y común.

Como para vivir la vida de forma verdadera y plena debemos encontrarnos íntimamente con todos sus aspectos, ¿qué tiene que enseñarnos el infierno? ¿Qué aprendemos al sentir empatía por una crucifixión? ¿Qué aprendemos cuando, al contemplar los cuadros de Goya, reconocemos los horrores de los que, como especie y como individuos, somos capaces? A menudo no aprendemos. Tal vez aparezca un salvador y, como buenas personas que somos, seamos liberados. O, tal vez, seamos llevados milagrosamente a un reposo sereno. Pero, si no aprendemos, nos persiguen los recuerdos, por más ocultos que estén. Y lo que es más importante: podemos aprender. Podemos abrir nuestras mentes hasta en el infierno. Tenemos la posibilidad de descubrir la verdad de lo que permanece inmutable en las peores circunstancias.

La literatura psicológica está llena de descripciones de las patologías del infierno, junto con los tratamientos actualmente recomendados. Pero el planteamiento psicológico suele consistir en descubrir un escape, en ayudar a huir y en aliviar. Este método es apropiado y recomendable hasta que estés preparado y seas capaz de aprender lo que el infierno tiene que enseñarte. En el averno podemos descubrir la extraordinaria buena nueva de la rendición de Cristo y de su ascensión. Tenemos la exquisita expresión poética de la unión con lo divino en las circunstancias horrendas y degradantes de san Juan de la Cruz. Tenemos a Ramana, dispuesto a afrontar la muerte a la edad de dieciséis años. Tenemos alegres testimonios de los que han «cruzado al otro lado» en todas las tradiciones religiosas o espirituales. Te tienes *a ti mismo*, en la medida en que estés dispuesto a aprender de cualquier infierno en el que te puedas hallar.

Para algunos, el infierno se prolonga durante años, e incluso durante décadas. Para muchos, dura semanas o meses. Para otros, aparece, se esfuma por un tiempo y después reaparecer. Algunos se sienten agobiados por su recuerdo y por la posibilidad de su retorno. Algunos generan un cuasi infierno, como una especie de amuleto que les permite mantenerse alejados del infierno real. Algunos sienten su presencia por debajo de la relativa paz de una vida próspera y libre de conflictos. Otros han oído hablar de él en la religión, y temen ser condenados. Otros se han burlado de su existencia hasta que lo han experimentado en carne propia. No he conocido a nadie que, como mínimo, no lo haya probado.

El simple hecho de probarlo basta para salir corriendo en busca de la insensibilización, de la práctica febril de rituales, de los cálculos nocturnos de la probabilidad de que las acciones del día siguiente te hundan aún más en él.

Generalmente, el infierno da a conocer su inevitable presencia de manera no anunciada e inesperada. Los periodos de nuestras vidas en los que no ocurre nada, o que nos son favorables, pueden llevarnos a imaginar que el destino solo nos deparará cosas buenas. A pesar de las enseñanzas religiosas y de las pesadillas subconscientes, en realidad no podemos imaginar la medicina amarga del infierno hasta que aparece.

¿Cuánto tiempo podemos soportarlo? Si estamos resistiéndolo, nuestra capacidad es limitada, y tenemos que pedir ayuda. Los medicamentos, el sueño, el entretenimiento y el apoyo y amor de nuestros amigos y terapeutas tienen su lugar en la necesidad natural de distraernos de esta guerra interna e inmutable. Pero ¿y si dejamos de estar en guerra contra el infierno? Si estamos dispuestos, aunque sea por un segundo, a estar en paz en medio de esta tremenda desdicha, descubrimos una capacidad inconmensurable. En ese instante de rendición, que es muy distinta de la resignación, descubrimos la luz en la oscuridad.

¿Por cuántos infiernos y microinfiernos hemos pasado ya? Tal vez el nacimiento, la expulsión del útero, sea nuestra primera experiencia del infierno. ¿Qué infiernos infantiles experimentamos cuando no se satisface inmediatamente nuestra hambre? ¿Y esas ocasiones en que los bebés parecen desdichados sin razón aparente? Tal vez esos llantos preverbales sean nuestras primeras experiencias de abandono en un momento de necesidad. La mayoría de nosotros tenemos recuerdos de periodos de nuestras vidas que fueron experiencias de infiernos internos. Tal vez cierto grado de infierno haya acompañado siempre al nacimiento y al crecimiento, o simplemente, al hecho de dar el paso siguiente. Este libro te invita a considerar el infierno como una parte natural de la experiencia humana. Como tal, podemos conocerlo e investigarlo directamente.

Si consideramos que el infierno es natural, aunque ciertamente desagradable —como un invierno particularmente severo o un verano tórrido que mata las cosechas—, le retiramos el estigma de *maldito*. Sin este juicio supersticioso, estamos mucho más cerca de encontrar el coraje y la capacidad de abrir nuestras mentes a recibir su enseñanza. Ser conscientes de las supersticiones que hemos aprendido es importante pare entender cómo fabricamos nuestra versión de la realidad y nos quedamos atados a ella. Nuestras supersticiones suelen operar por debajo del proceso de pensamiento, pero el temor a la realidad inexplicada siempre apoya nuestras tendencias supersticiosas. Si cuando sentimos temor estamos dispuestos a abrir nuestra mente, ya no necesitamos la protección de las creencias. Cuando estamos preparados para dejar a un lado las supersticiones, podemos afrontar directamente la realidad.

Al ampliar nuestra perspectiva, vemos que hay temporadas mejores y peores, tanto en el mundo interno como en el externo. Y si ciertos periodos infernales son el resultado de comportamientos alocados o erróneos, hay muchos otros que surgen sin causa conocida. Son ataques por sorpresa. Y, en nuestra historia, todo ocurre de repente.

En un verdadero encuentro, que implica una verdadera indagación, tenemos que dejar en suspenso nuestras *ideas* previas sobre el significado de la experiencia. Hemos de dejar a un lado los conceptos y las evaluaciones de las causas de un sentimiento, o emoción, para llegar a su esencia. Tenemos que abrirnos a que de verdad no sabemos *por qué*. Cuando estamos dispuestos a no saber, podemos abrir más plenamente nuestras mentes e indagar *en* ello con inteligencia, y así descubrir.

La mayoría de nuestros conceptos y juicios con respecto al infierno, o incluso las pequeñas emociones negativas que se afirman a sí mismas a lo largo de nuestra experiencia de vida, tratan de probar que somos esencialmente malos, o que estamos condenados, o que erramos permanentemente y de manera irrevocable. Nuestros padres, las escuelas y las religiones orientales y occidentales nos han enseñado esto, y también nuestra idealización interna del ser purificado que esperamos llegar a ser. Esta masa de condicionamientos solo se interpone en nuestro camino cuando necesitamos hacer una verdadera investigación. Y necesitamos realizarla cuando estamos dispuestos a escuchar lo que cualquier experiencia profunda, especialmente la del infierno, tiene que enseñarnos.

¿Cómo encontramos o investigamos aquello que por su propia naturaleza es terrorífico, indigno de amor, abismal y capaz de tragarnos en su cieno? En realidad, el «cómo» es simple. El verdadero reto está en la motivación. ¿Por qué querríamos aprender la enseñanza del infierno cuando tenemos ante nosotros tantas opciones, y cuando podemos taparnos la cabeza y esperar a que pase?

Solo estamos preparados para afrontar lo peor de nosotros mismos (el infierno) cuando estamos dispuestos a ser libres. Antes de eso, nos esconderemos de lo peor o lo dramatizaremos con una trágica melancolía. También es posible que lo neguemos. El proceso pensante de nuestro cerebro está lleno de poderes que nos permiten decorar la realidad, o evitar y encubrir cualquier cosa que pueda amenazar nuestra versión de ella. Admiramos estos poderes y los usamos creativamente hasta que queremos vivir realmente en libertad. Entonces debemos reconocer que lo que nos mantiene atados internamente es nuestro temor a lo que hay en el núcleo desnudo. Si nuestro ser interno nos atemoriza en secreto, y si se nos ha dicho que nuestra naturaleza interna debe ser domesticada y sometida por su potencial para el mal y el egoísmo, mantendremos nuestra atención consciente separada de nuestro núcleo más interno y le tendremos miedo.

Generalmente, aunque nuestra educación haya sido más esclarecida y se nos haya enseñado que en esencia somos puros y buenos, las partes salvajes e indómitas de nuestra personalidad nos atemorizan y avergüenzan tanto que las mantenemos en secreto. Se muestran en nuestras pesadillas y en el infierno.

La marca de la madurez, de que estamos preparados para ser libres, es estar dispuestos a hacer frente a los aspectos de nosotros que separamos de nuestra imagen externa. No se trata de liberarnos de ellos, sino de todas las definiciones internas y externas que les hemos dado. En el momento que nos liberamos de nuestras definiciones conceptuales de nosotros mismos, tenemos la libertad de ser seres completos. Entonces nos conocemos de forma directa como conciencia no definida e indefinible, conciencia que es libremente ella misma. Cuando estamos preparados y dispuestos, el infierno es uno de los maestros más importantes que apuntan hacia esa libertad. En nuestra historia, cuando están en el infierno, la frustración hace que los miembros de la familia se culpen unos a otros. No se les ocurre la idea radical de dejar de culpar y de quejarse y, simplemente, descender a la experiencia del infierno con la intención de investigarla abiertamente. Más bien, buscan la liberación atacándose mutuamente, y así se hunden todavía más en el lodo.

Este es un hábito que todos conocemos. Cuando algo insoportable aparece en el mundo, en lugar de afrontar lo peor y de explorarlo libre y directamente, atacamos al que tenemos más cerca. Proyectamos nuestra frustración y las circunstancias agónicas que estamos viviendo en los demás por medio de la culpa y la irritabilidad. Nuestra impotencia nos parece insoportable, y la antiquísima estrategia para sentir momentáneamente que tenemos algún control es encontrar un chivo expiatorio.

La superficialidad de la familia de nuestra historia nos muestra la futilidad de nuestras estrategias para evitar los peores temores mediante exhibiciones agresivas de poder. Hasta no ser conscientes de esta evitación, negamos ser responsables de nuestras circunstancias. Continuamos encontrando algo o a alguien a quien culpar. Culpamos a otra gente, a los planetas, a nuestros genes, a Dios y al diablo. Estamos dispuestos a culpar a cualquiera para rebajar la presión del infierno. Dado el horror de nuestras circunstancias, preferimos las teorías de la conspiración a la apertura de descubrir simple y directamente de qué está hecho lo peor.

Cuando no hay otros a quienes culpar, nos fragmentamos internamente y nos atacamos a nosotros mismos. Toda culpa y todo ataque es un intento fútil de dar sentido al horror del sufrimiento o de controlarlo. Desviar y culpar puede reducir la presión durante unos momentos. Pero, en el proceso, nos hundimos más en la ignorancia del infierno.

Ser capaz de responder equivale a ser capaz de investigar. Ambas actitudes requieren apertura y disposición a detener cualquier historia que estemos tejiendo consciente o subconscientemente sobre *por qué* ha ocurrido este horror y quién tiene la culpa. Inicialmente, puede ser necesario descubrir ambas cosas, el por qué y el quién, porque queremos entender intelectualmente las causas de nuestras terribles circunstancias. Pero, en la investigación directa de lo que hay y de lo este momento puede revelar, nuestra única preocupación debe ser *lo que es*. Entonces es cuando la respuesta clara es una investigación directa. Debemos enfocarnos plenamente en el momento mismo, con independencia del nivel de sufrimiento o de sus causas. La respuesta es la pregunta: «¿Qué es esto que estoy experimentando como un infierno?».

Aunque la familia nunca alcanza este grado de madurez, tú puedes hacerlo si te dices la verdad a ti mismo. ¿Quieres ser libre? En algunas etapas de nuestra vida ni siquiera sabemos o nos importa qué es la verdadera libertad. Lo único que deseamos es protección y atención. Queremos un capullo seguro donde poder vivir y crecer. No hay nada malo en ello. Todas las criaturas pasan por etapas en las que no sobrevivirían sin protección y atención. Los humanos necesitan muchos años de crianza antes de ser capaces de sobrevivir por sí mismos. En esta fase legítima de inmadurez, la libertad no nos sirve. Todas las criaturas superan de una manera natural esta etapa de crecimiento conforme son llamadas a madurar. Muchos de los que han salvado la etapa de protección aún se aferran a la seguridad del capullo. A veces las águilas fuerzan a sus retoños a abandonar el nido para que aprendan a volar. Seguramente, hay al menos un momento infernal entre la disyuntiva de perderlo todo, caer y finalmente volar.

En el amanecer de la madurez espiritual, como de la madurez biológica, a menudo es necesario un empujón, incluso una conmoción, que catalice este crecimiento esencial. El nacimiento del verdadero conocimiento sigue a la muerte de lo que conocíamos antes. Lo conocido puede haber sido verdad en su momento, pero, una vez acabado, se convierte en falso conocimiento o ignorancia.

No siempre es fácil dejar atrás aquello que hemos superado. No estamos acostumbrados a elegir salir de un lugar que está protegido. Aunque hay cosas que son fáciles de dejar de lado, o que se caen por sí mismas, el salto transformador nos lleva, o nos lanza, a un territorio desconocido donde no tenemos puntos de referencia. El aguilucho puede saber o no que su supervivencia depende de que sus protectores salgan volando a buscar comida. Es posible que nunca se le haya ocurrido la idea de volar. Asimismo, es posible que nosotros no nos hayamos dado cuenta de que, a lo largo del tiempo, en todas las culturas ha habido ejemplos sublimes de vida en libertad. El alimento espiritual nos prepara para volar, pero solo volamos cuando damos el salto, o cuando se nos empuja, a lo desconocido.

Podemos sentir un impulso interno hacia algo que nos llama en ese reino desconocido y al mismo tiempo sentir terror ante ello. O podemos ignorar completamente el impulso hasta que nos damos cuenta de que estamos perdiendo lo que pensábamos que nunca podríamos perder, nuestro nido, y luchamos con desesperación contra lo desconocido que nos rodea. Cuanta más atención y energía invirtamos en luchar contra lo desconocido, más experimentamos el infierno.

Cuando podemos reconocer que el alma madura naturalmente y a veces con dolor, estamos más dispuestos a percibir el espacio entre una fase y la siguiente. Solemos aferrarnos con desesperación a lo que ya no es, o negamos que hemos perdido todo lo que conocíamos, o el miedo y la ira hacen que ataquemos a los que nos rodean. Pasamos por alto la espaciosidad que se abre en el cambio entre una realidad de vida y otra. Si el aguilucho no se resiste a caer, el momento de la caída, antes de volar, será tan dulce como el vuelo. Si no nos resistimos a lo que estamos experimentando, encontramos la dulzura subyacente de la vida incluso en sus partes más amargas.

No podemos saber con antelación que es posible hallar lo mejor en lo peor. Pero podemos descubrir la verdad de esta afirmación. Podemos intentar recordar nuestro descubrimiento cuando se produzca el cambio siguiente, y ese recuerdo puede sernos útil. Pero, para conocer directamente qué hay aquí en este momento, todos los recuerdos, incluso los más favorables, deben quedar a un lado. Cuando dejas a un lado tus recuerdos, no hay proyección de futuro. Sin pasado ni futuro, tu atención está plenamente aquí, en este momento, con independencia de lo que esté surgiendo. Hasta las definiciones del infierno proceden de descripciones del pasado y de esperanzas o temores relacionados con el futuro. Cuando tu mente se libera de todas las definiciones, puedes descubrir fácil y directamente lo que realmente está aquí, en lugar dc aferrarte a cualquier definición de ello. Cuando nos rendimos al hecho de estar cayendo, flotamos de manera natural.

Se te ofrecen los siguientes puntos de indagación para que puedas decirte la verdad sin paliativos. Como buscadores espirituales, sabemos lo que deberíamos pensar y sentir. E incluso es posible que sepamos, o que recordemos, que la verdad desnuda es la conciencia silenciosa y abierta. Pero este conocimiento es inútil si no hay una experiencia inmediata, fresca, continua y directa del mismo. Estas preguntas no tienen una respuesta «correcta». Están diseñadas para dirigir tu atención consciente hacia la estructura y subestructura de la historia particular tuya y, finalmente, hacia la conciencia viva y silenciosa que está debajo de todas las estructuras.

Te recomiendo que dediques tiempo y espacio a estas preguntas. Es posible que desees planteártelas en voz alta y anotar las respuestas. Tal vez quieras repetir muchas veces algunas especialmente potentes, para descubrir respuestas insospechadas. Todas estas preguntas son abiertas. Las respuestas pueden aparecer con el tiempo y en distintas circunstancias.

También puedes encontrar las tuyas propias. Si es así, date cuenta de que las preguntas «por qué» conducen al análisis, a procesar y a más actividad mental. Si bien las de este tipo son útiles en muchas circunstancias, en la investigación directa las preguntas «quién» o «qué» son más fructíferas para descubrir cosas nuevas.

Cuanto más en serio te tomes la pregunta y la respuesta, más descubrirás.

Preguntas para la indagación:

1. ¿Qué es el infierno?
2. ¿Qué significa para ti encontrarte en el infierno?
3. ¿Quién te ha puesto en el infierno?
4. ¿Puedes dejar atrás todas las definiciones y permitir que tu atención esté dentro del campo energético o vibración de la experiencia del infierno?

5. ¿Qué hay en el núcleo de esa experiencia?
6. ¿Hay algo debajo de eso?
7. ¿Y debajo de eso?

Cuando te hayas tomado todo el tiempo que necesitas, puede ser útil que dediques unos momentos a tumbarte y experimentar lo que han evocado en ti tanto las preguntas como las respuestas. ¿Qué queda si suspendes todos los juicios y las conclusiones con respecto a tus respuestas o a cualquier sentimiento que haya surgido?

CAPÍTULO 8

OFERTA DE REDENCIÓN

Para vivir vidas plenas, no debemos olvidar lo ciegos que podemos estar cuando luchamos contra nuestro sufrimiento o nos revolcamos en él. Aunque los estados internos pueden soportar una fuerte influencia de las circunstancias externas, podemos continuar innecesariamente con una historia de padecimiento mucho después de que la causa del dolor inicial haya pasado, e incluso cuando el vehículo de liberación del sufrimiento ya está presente. Esta experiencia de pérdida y el dolor que la acompaña suelen oscurecer las posibilidades de ser liberados de los efectos de esa privación. Si nos quedamos fijados en nuestras circunstancias desdichadas, tal vez pasemos por alto las posibilidades que nos rodean.

En la metáfora más amplia de la historia «El tesoro escondido», la redención divina se le aparece a la familia bajo la forma de un extraño, y es irreconocible. De modo que cuando este forastero les ofrece una promesa de salvación como surgida de la nada, parece demasiado buena para ser cierta y es rechazada de forma categórica. La oferta continúa en pie, pero la familia está segura de que su mala fortuna es irredimible, lo cual es el corolario de su anterior certeza de la continuidad de su buena suerte. Ignoran el ofrecimiento e incluso consideran su persistencia como un acoso.

En medio del infierno del Preventorium, en un momento de gracia misteriosa, sentí la presencia protectora y reconfortante del amor. Identifiqué esa presencia como mi ángel guardián y me sentí rescatada de mi sufrimiento. Cuando elegía buscar esa presencia, la descubría cerca de mí. Era una fuerza redentora, pero no pudo salvarme de mis elecciones subsiguientes. No pudo salvarme de mi «destino» ni de mi «karma», de mi propia tendencia a sufrir.

Después del Preventorium, fui a una escuela católica y allí descubrí al apasionado Jesús. Este hallazgo vino acompañado de la oferta de una redención institucional y condicionada. Para asegurar la mia, tenía que dedicar mi vida a Cristo. Tenía que confesarme y dejar de pecar. Debía rezar ciertas plegarias y asistir a ciertos rituales con una actitud determinada. Fue sencillo rechazar estas condiciones. Con el apoyo sincero de mis padres, no me costó reconocer que prefería jugar que rezar; tenía que aprender las tablas de multiplicar antes de dedicar tiempo a algunos rituales particulares. Y la Iglesia episcopaliana proponía condiciones muchos más fáciles de cumplir. Seguía sintiendo que Jesús me quería y me cuidaba, pero no estaba segura de que me fuera a encontrar con él en el Cielo.

Cuando llegué a la adolescencia, descubrí muchas maneras de escapar de la infelicidad que sentía en casa. Pero el escape no es igual que la redención. Al huir de las pruebas que surgían en mi hogar, tuve que confiar en mis amigas, en el alcohol, en las fiestas, en las tareas escolares y en el placer sensual desenfrenado. Después escapé a través del matrimonio, y huí del matrimonio con el divorcio. Pero estas fugas solo eran liberaciones temporales, y tenían que ser repetidas continuamente, al menos en cierta medida, para conservar su eficacia. La verdadera redención te salva. Es singular y no es posible repetirla de manera auténtica. Revela la verdad de que ahora estás seguro y no hay ninguna posibilidad de sufrir un daño serio. Pasaron muchos años antes de que reconociera una oferta de verdadera redención.

La oferta de redención es la esencia del misterio de la gracia. En los reinos más oscuros, donde no hay esperanza ni posibilidad de ella, se te extiende una mano. Desde la perspectiva del infierno, todas las manos que se nos ofrecen se perciben como sirvientes del infierno mismo. No se puede saber que una mano dispuesta a ayudar va a redimirnos a menos que la agarremos. Pero lo cierto es que, en nuestra historia didáctica, y también en nuestras historias personales, existen manos así. En «El tesoro escondido», la familia no puede creer en la mano amiga y la rechaza, y posiblemente esto mismo ocurre también muchas veces en nuestras vidas. Sin embargo, la mano amiga está ahí.

¿Solo si miramos atrás reconocemos que se nos ha ofrecido ayuda en todo momento?

Es cierto que, al mirar atrás, vemos que ha habido manos que nos sacado de muchos agujeros. Y podemos dar gracias por ellas. Pero ¿qué pasa con las manos que rechazamos, con aquellas de las que sospechamos, con el apoyo al que nos resistimos?

Cuando miro hacia atrás en mi vida, reconozco individuos y enseñanzas que siempre estaban ofreciendo un camino de redención. Es posible que yo reconociese su importancia, en el momento de su aparición pero había algo en mí que me impedía aceptarla completamente. A finales de los setenta, el venerable Kalu Rinpoché vino a Bolinas, donde vivíamos Eli y yo. Tomamos el voto del *bodhisattva* y las iniciaciones de Cherenzi, el Buda de la Medicina, Mahakala, la Tara Blanca y la Tara Verde. Realizamos postraciones al Buda, el *dharma* y la *sangha*. Cantamos en tibetano y disfrutamos de los adornos particularmente barrocos y mágicos que la tradición tibetana añade al budismo. Eli fue nombrado director del primer centro del *dharma* tibetano en West Marin. Cada día, a las cinco de la mañana, celebrábamos meditaciones en nuestra casa con las otras dos personas que solían presentarse, y teníamos experiencias fantasmagóricas y maravillosas.

Por más que me gustaban las experiencias y valoraba las enseñanzas, para mí no pasaban de ser vivencias magníficas. Se parecían a la experiencia de la Iglesia católica que había tenido de niña. Después de aproximadamente un año, el budismo tibetano se convirtió para mí en un exceso de ritual y de trabajo. Pasé a una versión más simple del budismo cuando empecé a practicar la meditación *vipassana* y el zen. En estas tradiciones, como en mis experiencias anteriores con el cristianismo en general, yo nunca era bastante buena. Nunca podía sentarme inmóvil o el tiempo suficiente en *vipassana*; mi práctica del *zazen* nunca fue lo bastante pura ni consistente.

Ahora puedo ver que, por fortuna, acepté algo de lo que el budismo me estaba ofreciendo, y reconocí conscientemente el apoyo recibido. Estaba abierta a ver y a aceptar más. Pero, como seguía buscando un escape, ninguna oferta de redención podía ser definitiva. Independientemente de las experiencias conmovedoras y serenas que tenía en la meditación, seguía siendo más fiel a la religión de mi propio sufrimiento que a las ofertas de las religiones cristiana y budista. La práctica de mi propio dolor seguía atenazando mi vida.

Cuando estamos muy apegados a contar las pruebas que hemos sufrido —nosotros como individuos, como familias y comunidades, nosotros como naciones y nosotros como seres vivos del planeta—, perdemos la capacidad de reconocer e investigar posibles aperturas. No todas las aperturas nos conducen a las soluciones que necesitamos. Pero podemos investigarlas y, cuanto más dispuestos estemos a hacerlo, más posibilidades tendremos de encontrar soluciones verdaderas. Cuanto más abiertos estemos a investigar, más nos acercaremos a la redención.

Nuestra historia didáctica es simple. Los problemas que afronta nuestro planeta, así como las comunidades nacionales y locales, no suelen serlo tanto. Pero el principio sigue siendo el mismo, tanto en la simplicidad como en la complejidad. Cuando estamos atados a nuestras historias de sufrimiento, no somos libres de ver y recibir ayuda creativa. Probamos las mismas soluciones de siempre, con distintos nombres y vestiduras, y durante algún tiempo tenemos una sensación de resolución. Pero, si la solución es falsa, el remedio solo es temporal.

¿Qué es lo que nos mantiene atados a nuestras historias de sufrimiento? ¿Cómo es posible que recurramos a ellas habitualmente a pesar de que reflejan y generan dolor? Probablemente esperamos que, si seguimos contando la historia de nuestra caída de la gracia, llegaremos a descubrir por qué caímos, o cómo lo hicimos, para no volver a hacerlo. Descubrir los cómos y los porqués es muy útil. Y, sin embargo, preocuparnos por ellos puede mantener nuestra atención fijada en sus infinitas posibilidades. Cuando estamos fijados, nuestra historia de sufrimiento se convierte en un entretenimiento macabro. Nos autoflagelamos. De modo que, al dolor causado por la desgracia sufrida, añadimos como castigo nuestras repeticiones mentales, en un intento fútil de entender la situación para resolverla.

Antes de reconocer nuestra forma de autotortura particular, la insistente estimulación mental del dolor forma parte de la desgracia padecida. Cuando reconocemos este hábito mental, tenemos elección. Al tomar conciencia de que hay elección, la mente es inmediatamente más espaciosa y la mentalidad victimista se afloja. Podemos oír nuestra conversación interna y reconocer la presencia de ciertos temas recurrentes en circuito cerrado. En mi historia, tengo que reconocer que durante décadas estuve contando distintas versiones del mismo cuento deplorable. Si experimentaba que no recibía suficiente amor, seguridad o comprensión, era porque yo tenía alguna deficiencia de algún tipo. Empecé a catalogar mentalmente mis múltiples defectos, junto con promesas a mí misma y votos a Dios de cambiar y enmendarme. Si experimentaba que tenía algo, solo disfrutaba de esa abundancia en la medida en que podía dejar de esperar que otro defecto se hiciera evidente. En mi autoevaluación más profunda, creía que no merecía tener lo suficiente. Y, como resultado previsible, el descanso y la fluidez existencial quedaban limitados. Siempre tenía que mejorar, para conseguir algo o para mantener bajo control el temido demonio de mis fallos.

Cuando las quejas consumen nuestra atención, pasamos por alto la resolución de aquello de lo que nos estamos quejando. Dedicamos nuestra inteligencia a racionalizar y justificar, y no somos conscientes de esa parte de nosotros que no está azotada por nuestros traumas. En el interior de todos, hay una puerta silenciosa que siempre está abierta. Es la puerta a la redención. Basta con que dirijamos la atención hacia dentro y reconozcamos que esa puerta se abre a la espaciosidad y a la paz.

Cuando podemos oír nuestra conversación interna sin juicio, estamos fuera de ella. Estamos fuera de nuestra particular guerra mental y emocional contra lo que ocurre. Los sucesos pueden seguir siendo horribles y tener consecuencias inhumanas, y nosotros podemos continuar siendo víctimas inocentes de ellos. Pero la atención, ahora liberada en cierta medida de la necesidad de involucrarse en los sucesos, es capaz de ser consciente de *algo más que también está aquí.*

La moraleja de nuestra historia es tan importante como sus buenas noticias. Muchas historias de todo tipo nos llaman la atención sobre nuestra capacidad de ignorar la puerta que se ha abierto. La literatura está llena de tragedias y oportunidades perdidas. La vida diaria en nuestro planeta demuestra que hay muchas personas para las que la redención no llega nunca, mucha gente buena para la que nunca se presenta. Hay desastres que golpean en un instante; como consecuencia, una persona, una familia o el mundo se acaban. Un tsunami se lleva por delante a un cuarto de millón de personas y deja sin hogar a millones; una guerra civil continua hace que generaciones enteras solo conozcan el dolor de la pérdida; una enfermedad golpea sin misericordia tanto a los sanos como a los enfermos; se producen todo tipo de accidentes que acaban con la vida de aquellos que momentos antes estaban floreciendo y llenos de certezas con respecto al futuro. Así es la crueldad de la vida. Tratamos de darle sentido con nuestras religiones y metafísicas, pero sigue fuera de nuestro control y de nuestra comprensión.

Algunas historias nos recuerdan que podemos reconocer las puertas de la redención y atravesarlas. En la literatura religiosa leemos sobre sucesos milagrosos que revelan la unidad con el Padre o el vacío de todas las formas fenoménicas. Leemos cómo se separaron los mares y que el agua se puede convertir en vino. Leemos que todas las tentaciones del mundo, hermosas y horribles, no pudieron con un ser comprometido con la verdad. En nuestra literatura secular es posible que las redenciones y revelaciones tengan vestimentas más ordinarias, pero el resultado es igualmente extraordinario. La vida de un adicto da un giro completo gracias al apoyo de las personas que lo quieren; un niño es rescatado de unos padres abusivos y liberado de una vida de tormento. Una persona sin amor halla el amor gracias a otra persona, a un animal doméstico o —y quizá esto sea lo más milagroso de todo— dentro de sí misma. En un poema, canción o historia podemos descubrir las posibilidades de redención que nos rodean. Aceptar que la redención radical y transformadora es posible equivale a abrirse a esta posibilidad.

¡Cuánto más misteriosa es la gracia inmerecida de una oferta de redención, si consideramos el sufrimiento y las tragedias no redimidas que nos rodean, tanto en el ámbito local como global! La pura gracia de la oferta de redención queda demostrada por el hecho de que la familia de nuestra historia no hizo nada para ganársela. No hicieron ningún trabajo. El extraño apareció e hizo el ofrecimiento. Y tal como al revisar algunas situaciones trágicas solemos ver signos que las anunciaron —y que si los hubiéramos captado habrían predicho la tragedia—, ahora mismo hay ofertas de redención presentes en nuestras vidas. Si nuestra atención es libre y abierta, no tienen por qué seguir pasando desapercibidas.

En «El tesoro escondido», maravilla que un extraño que sabe la verdad del tesoro enterrado invierta tiempo y energía en buscar a su amigo ausente. Si le hubiera ocurrido algún accidente a él o a alguien cercano, si hubiera tenido un nuevo romance o se hubiera casado, o si cualquiera de los cientos de distracciones de la vida hubieran captado su atención, este extraño podría haber seguido su camino sin entrar en esta historia. ¡Y qué suerte que sea un hombre honrado! Un sinvergüenza podría haber robado fácilmente el tesoro al enterarse de la desgracia de su amigo.

¡Con qué facilidad, y de cuántas maneras, lo que este extraño ofrece podría haberse perdido por el camino! Y, sin embargo, aquí está, contra toda probabilidad, contando a la familia, y contándonos a nosotros, la verdad certera que acabará con el sufrimiento.

Él ofrece una y otra vez. La insistencia de su ofrecimiento es tan maravillosa como sus ganas de dedicar una parte de su vida a buscar a su amigo. Aunque es rechazado, se mantiene firme en su proposición. Este extraño bendito es la gracia que define nuestra historia. Representa al ángel misericordioso, el maná del cielo, el milagro de cientos de desgracias evitadas que podrían haberse convertido en tragedias. Si él no hubiera aparecido, lo más probable es que la familia hubiese continuado con su espiral descendente. Sin embargo, su oferta no tiene sentido hasta que es aceptada.

Vemos en nuestra historia, y tal vez en nuestras vidas, que a menudo un ofrecimiento se nos presenta envuelto en nuestros propios miedos y en nuestra certeza de estar desvalidos. La familia de la historia no puede ver al extraño tal como es. Cuando él aparece, la familia solo ve las pruebas de que no recuperará lo que tenía. Su realidad no le permite percibir lo que para nosotros, desde nuestra perspectiva de lectores, resulta evidente.

Si asumes el punto de vista de lector de tu propia vida, puedes descubrir más fácilmente las ofertas de redención presentes y pasadas. Mientras te sigas considerando el vencedor o la víctima de tu vida, perderás la perspectiva: la visión más profunda queda en penumbra.

Este libro no trata de la buena suerte que acaba teniendo la familia, sino de tu buena suerte. Esta historia didáctica es una treta para que dirijas tu atención a lo que se nos está ofreciendo a todos nosotros. ¡Que pueda conseguir su propósito!

La indagación es un ofrecimiento de redención. No requiere ninguna creencia, ni siquiera requiere confianza. Indagar es investigar por ti mismo. Indagar en lo que está oculto debajo del suelo de tu historia te revela el verdadero tesoro que tú mismo eres.

Esgrimimos una miríada de razones para no indagar. Seguimos contando historias que sustentan nuestra convicción de que hemos indagado en el pasado y no hemos encontrado nada. Y se nos sigue invitando a hacerlo en los niveles más profundos *ahora*, como si fuera la primera vez.

Si en este momento asumieras hábilmente que la gracia, la suerte o la posibilidad están presentes en tu vida, ofreciéndote la liberación del sufrimiento, ¿estarías dispuesto a aceptarla? Si la oferta de redención te lleva a mirar más allá de tu historia de sufrimiento, a estar desnudo ante ti mismo, ¿qué encuentras? Si hallas dolor, ¿estás dispuesto a verlo y sentirlo desde dentro? ¿Qué hay en el núcleo, por debajo de todo?

Preguntas para la indagación:

1. ¿Conoces la experiencia de sentirte cegado por la desgracia? ¿Tan cegado que no puedes ver la buena suerte que está a tu alcance?
2. ¿Puedes recordar un tiempo en el que no confiabas en que el universo fuera un lugar amistoso? ¿Dónde sientes eso en tu cuerpo?
3. ¿Estás dispuesto a abrirte a ese sentimiento para descubrir cuáles son la energía o el sentimiento subyacentes?
4. Cuando te abres a ese sentimiento, o al sentimiento de estar indefenso, sin que tenga ninguna historia asociada, ¿qué experimentas?

Capítulo 9

CINISMO, RECHAZO, NEGACIÓN

Cuando nos negamos cínicamente a una oferta de redención contribuimos a endurecer las tendencias negativas de nuestra mente. Este endurecimiento puede ser trágico. Cuando rechazamos lo que renueva nuestra vida, sean cuales sean nuestras razones conscientes o inconscientes, en cierto sentido morimos a ella. El conocimiento de cómo rechazamos y de cómo justificamos el rechazo del ofrecimiento deja en evidencia el poder del pensamiento negativo y la manera en que se regenera a sí mismo, más allá del impacto de los desgraciados sucesos iniciales.

Cuando nos encontramos en circunstancias internas o externas horribles y permitimos que prevalezca la tendencia cínica de la mente, rechazamos los puntos de vista positivos y creativos. Nos quedamos atascados en la ciénaga de la propia negatividad y vemos cualquier oferta de ayuda con sospecha, o la descartamos por considerarla superficial. Nos volvemos «demasiado listos» para recibir la simplicidad de la verdadera ayuda.

Cuando mis padres me enviaron al Preventorium, sentí que me habían condenado al infierno. Dada la furia que sentía hacia ellos, y teniendo en cuenta mi corta edad, nunca consideré que lo hubieran hecho para intentar ayudarme. No tenía una idea muy clara de por qué me habían mandado allí, pero sabía quién lo había hecho. Y mi furia me cegaba. Cuando realizaban lo que entonces era un largo viaje entre Clarksdale y Magee para visitarme los fines de semana, apenas les hablaba. Toda la familia se presentaba con sonrisas y calurosos saludos. En las fotografías de aquel tiempo, veo a mamá y a papá, a mi nueva hermanita que aún era un bebé y a mi hermano mayor, todos agrupados en una piña, y allí estoy yo, a un lado, con el ceño fruncido y los brazos cruzados sobre el pecho.

Cuando veo estas fotos ahora, siento compasión por todos sus personajes. Entonces me sentí traicionada por todos ellos. En mi pequeño corazón no había ninguna apertura para recibir el amor que me ofrecían. Ni siquiera podía abrirme a disfrutar de su visita para descansar del tedioso programa cotidiano de aquel lugar.

El pensamiento resignado y nihilista es lo opuesto al descubrimiento abierto. En la resignación hay una certeza arrogante de que cualquier esfuerzo es inútil y de que no llegará ninguna ayuda. Es una fase peligrosa en la noche oscura y continua del infierno. En momentos así, al cínico le parece, como le ocurre a la madre de nuestra historia, y a mí en mi propia historia, que el pensamiento negativo es simple inteligencia. La arrogancia abriga una certeza: «Sé lo que es real, y todas son malas noticias». En mi caso, en el Preventorium, estaba segura de que aquellos en los que confiaba me habían abandonado, y de que todo estaba perdido. Mi manera personal de evidenciar mi rechazo era mostrarme enfadada y cínica ante la mano que se me ofrecía, y sentir una desesperación angustiosa de noche, cuando estaba sola en mi cama.

Al mirar atrás, veo que en mi vida se extendieron múltiples manos dispuestas a ayudarme y que rechacé muchas de ellas. Cuando estamos atrapados en cualquier emoción negativa, resulta difícil ver —y mucho más aceptar— el camino de salida. Acepté refugiarme en el pecho de Susie cuando sentía que mi cuerpo desaparecía, y rechacé las visitas de mi familia en el Preventorium. No pensaba que en ninguno de estos casos tuviera elección. No fui consciente de poder elegir hasta muchos años después. Tal vez estaba castigando a mis padres con mi enfado, realizando un pequeño acto de suicidio. No tenía razones para castigar a Susie; ella estaba allí cuando la necesitaba y era mi refugio.

En «El tesoro escondido», cada miembro de la familia se queda empantanado en su sufrimiento individual y colectivo. La oferta del extraño les parece palabrería o crueldad. Cuando él se presenta, la visión del mundo de los miembros de la familia se ha endurecido y les parece inconcebible que él les ofrezca realmente la liberación de su sufrimiento. ¿Qué podrá saber él de su pérdida? ¿Quién es él para decirles que la liberación está aquí? En la arrogancia del victimismo, ellos solo pueden ver agresores y, asombrosamente, se sienten insultados por la benevolencia de este extraño.

Recuerdo la primera vez que leí las palabras de Ramana Maharshi y que respondí profundamente a ellas. Sin embargo, casi de inmediato, pensé para mí misma: «Esto es demasiado simple para lo complicada que es mi vida». Al aferrarme a la complejidad de mi sufrimiento, rechacé la mano abierta ofrecida en las palabras: «Aquiétate y conócete a ti mismo».

Cuando él apareció en mi vida, yo estaba convencida de que era demasiado complicada para las soluciones simples. Había tenido muchas experiencias en las que la felicidad venía y después se iba rápidamente. Nunca consideré la posibilidad de una felicidad más profunda —mi verdadera naturaleza—, libre de las ataduras del aparecer y del desaparecer. Podía aceptar que esta naturaleza fuera verdadera para los seres iluminados, o para los santos, o para la gente simple, pero yo me incluía en el redil de los sofisticados, de los angustiados y condenados a sufrir por ser especiales. Y me entristece admitir que me sentía orgullosa de ello. En mi mente, esto demostraba que no se me podía engañar con un acceso a la felicidad demasiado fácil. Había superado todo eso. Como en el caso de la familia de «El tesoro escondido», mi cinismo había detenido mi crecimiento emocional. Era demasiado lista.

¿Tenía la familia de la historia didáctica derecho a sospechar de un extraño que le ofrecía buenas noticias, cuando hacía tan poco había recibido una lección sobre la crueldad del universo? Sí, por supuesto, y de niña yo tenía razones para sentirme traicionada por mi familia cuando me enviaron al Preventorium. La cuestión es: ¿hasta cuándo permitiremos que el derecho a padecer dicte la continuación del sufrimiento? Cuando se produce un desastre, e incluso una pequeña desilusión, ¿durante cuánto tiempo nos impedimos a nosotros mismos descubrir lo que el universo nos está ofreciendo ahora, en el presente? Si el hábito de negar y rechazar lo que se está ofreciendo continúa durante años, e incluso durante décadas, se convierte en nuestra identidad misma. La «sofisticación» de reconocer la naturaleza impersonal y cruel de la vida se vuelve tan miope y limitante como la suposición infantil de que la totalidad de la vida está diseñada para proporcionarnos placer y felicidad.

Cuando nos cansamos de nuestra sofisticación, a menudo añoramos la inocencia de tiempos pasados. Equiparamos los puntos de vista infantiles con la inocencia, y vamos rebotando entre versiones de una rendición resignada y una claridad ciega.

Nuestros primeros tiempos solo son inocentes en el mismo sentido en que lo es la larva antes de su metamorfosis. Y la cerrazón mental basada en las heridas del pasado no es verdadera claridad de visión.

Es posible reconocer los dolores que acompañan los cambios de la vida sin cerrar nuestra mente. Podemos retirar el estigma que la pseudoinocencia adjudica al dolor y a la pérdida, y encontrarnos plenamente con ellos, con los ojos muy abiertos. Es posible madurar conscientemente ante cualquier cosa que nos esté esperando, sin tener la menor idea de lo que es. Y esta posibilidad está a nuestro alcance si reconocemos lo que permanece sin cambios cuando todo lo demás cambia.

La inteligencia del rechazo o la resistencia —la inteligencia de decir no— es una marca de la madurez. La inteligencia de rechazar lo que no deseamos o no necesitamos es sensatez. Viene de una mente madura y capaz de discernir. Incluso de niños rechazamos cosas. El rechazo es poder, y usarlo bien es de sabios. El cinismo convierte el rechazo en una religión. Y, como todas las religiones, tiene un credo, un dogma y una visión particular del mundo. E igual que todas las religiones, está basado en el deseo de ser libre.

La práctica del cínico consiste en descubrir lo que está mal, o lo que podría estar mal, en lo que nos ofrece el extraño, en una pérdida o en cualquier suceso interno o externo. La intención básica de encontrar lo que podría estar mal es inteligente, pero la práctica de *buscar* lo que está mal equivale a buscar nuestra propia derrota. Como en las demás prácticas de cualquier dogma, quien las ejerce se enreda con lo que originalmente estaba allí para liberarlo.

Los golpes que le llegan a la inocencia que no cuestiona preparan el terreno básico para la religión del cinismo. El resultado no es la protección que deseábamos de los falsos dioses, de los castillos en el aire o de los vendedores de aceite de serpiente. Cuando se enraíza el cinismo, el resultado es una vida constreñida.

En distintos momentos de mi vida he coqueteado con el cinismo. Incluso ahora reconozco hábitos de pensamiento cínicos cuando repaso las noticias del mundo. Me doy cuenta de que hay una nota de superioridad en esos pensamientos cínicos, una sensación de que es mi inteligencia la que da lugar a la sonrisita sarcástica. Cuando investigo el sentimiento que subyace a la cobertura protectora del cinismo, descubro un dolor. Y cuando dejo de protegerme de ese dolor, lo experimento completamente. Si no doy rienda suelta a los pensamientos que justifican el cinismo, siento la crudeza de ser conscientemente humana en un mundo que no se adapta a mis ideales. Al estar dispuesta a experimentar de forma directa la crudeza, ya no evito la realidad de los falsos dioses y de las traiciones, y ya no intento protegerme del dolor de esa realidad. En ese momento mi mente está abierta y, aunque el dolor aún esté presente, me siento en paz.

Me doy cuenta de que, cuando estoy plenamente dispuesta a permitir que el dolor sea, puede quedar algún residuo de él, pero ya he perdido esa sonrisita. Soy consciente de la futilidad de buena parte de los empeños humanos, y también de la belleza y del misterio de todo el despliegue. No me siento separada de nada de lo humano. Muchas de mis propias iniciativas nunca darán fruto, y por debajo se está desplegando un misterio precioso. Mi atención se convierte en curiosidad abierta, y no necesito negar ni confirmar lo que está delante de mí. En ese momento de rendición, tanto el sí como el no se liberan de la función de protegerme del dolor y, por lo tanto, pueden surgir de la inteligencia natural.

La empatía por la repentina pérdida de la inocencia que experimenta la familia de nuestra historia nos permite entender de dónde surge el cinismo. La historia no nos dice exactamente cuánto tiempo tardó el cinismo en enraizarse, pero está claro que llevó algún tiempo. Sin duda lo sabemos por nuestra propia experiencia. No es el primer golpe el que dibuja en nuestra cara muecas de dolor, o el que nos lleva a contraatacar, o a encogernos. Luchar, salir corriendo y ocultarse son respuestas inteligentes ante el abuso. Sin embargo, si percibimos que el mundo es abusivo, luchar y escondernos solo sirve para limitarnos. Retirarnos del mundo y de todo el ruido que lo acompaña es dulce y necesario para poder descansar en profundidad. Pero, si nuestro retiro consiste en encogernos para negar el mundo o contraatacar con una armadura de cinismo, lo único que conseguimos es más sufrimiento. Nuestra mente se convierte en el agente abusador.

Cuando miro atrás, hacia el tiempo que pasé en el Preventorium, reconozco que el endurecimiento de mi corazón contra mi familia coloreó todos los eventos familiares siguientes durante décadas, hasta que finalmente estuve dispuesta a afrontar el dolor contra el cual me había endurecido.

En muchas otras áreas de mi vida me mantenía bien predispuesta y sentía curiosidad. Estaba abierta a nuevos descubrimientos en relación con mis amigos, con las posibilidades que me brindaba el futuro y con la vida en general. Con mi familia, y más adelante con otras personas que la representaban para mí —a las que se suele llamar «otras figuras significativas»—, me mostraba desconfiada. Estaba segura de que volverían a herirme. Encontraba pruebas de que no podía fiarme de ellos en cuanto su conducta se desviaba de mis expectativas. Las pruebas se fueron acumulando hasta que en nuestra relación se decretó un estado de sitio permanente, con batallas ocasionales. Nadie podía darme suficiente amor como para que yo estuviera segura de que me amaban. No podía verlos como personas, con sus propias vidas y problemas. Solo veía en ellos lo que se relacionaba conmigo.

Mis padres y la mayor parte de las personas significativas para mí a largo plazo no solían entrar en mis juegos de guerra. Vivían como les parecía adecuado, no como yo quería. Mi agresión, que se alternaba con la melancolía, no le resultaba atractiva a nadie. Cuando descubrí que mis muestras de cólera o tristeza no tenían efecto en sus vidas, aumentó mi melancolía. Mi sufrimiento se convirtió en mi identidad. Y mi única esperanza era escapar.

Con este deseo de huir, mi historia se abrió. Encontré muchas maneras de escaparme durante la adolescencia, cuando estaba en la universidad y en mi primer matrimonio. Me fugaba cambiando mi estilo de vida, acumulando conocimientos, experimentando con el peligro y consiguiendo el éxito. No fue hasta algunos años, antes de conocer a Papaji, y sobre todo después de conocerlo, que no empecé a darme cuenta de que este deseo de escapar se había convertido en la fuente de mi sufrimiento. Los intentos de huir de la posibilidad de ser herida, junto con mi teatro en torno a los dolores inevitables de la vida, se convirtieron en el dogma de mi religión del sufrimiento emocional. Cuanto más trataba de reprimir mi dolor, más fijada me quedaba en él. Como todos los dogmas, me había atrapado con la promesa de la salvación. Nunca había considerado la posibilidad de que mi dogma fuera ser cínica, ni siquiera me daba cuenta de que el cinismo estaba presente en mi vida. Pero así era.

Mientras encontrara escapes de lo que me atormentaba, podía evitar el corazón endurecido que secretamente sentía que era mi yo interno. El endurecimiento de mi corazón era el resultado del cinismo con que consideraba mi capacidad de amar de verdad y de ser amada, el resultado de mi rechazo a encontrarme completamente con el dolor producido por los infortunios y de la negación de la inocencia abierta y clara subyacente a todo ello.

Cuando examinas tu historia, ¿encuentras paralelismos? Cada uno de nosotros tenemos experiencias únicas de la vida en general y de los sucesos particulares de nuestras vidas. Sin embargo, por debajo de los sucesos superficiales que pueden parecer radicalmente diferentes, existen hábitos y pautas muy similares. Las preguntas siguientes tienen como objetivo ayudarte a descubrir qué papel han desempeñado el cinismo, el rechazo y la negación en la historia de tu vida. Y lo más importante, están aquí para ayudarte a descubrir lo que tu historia te enseña.

Preguntas para la indagación:

1. ¿Te has sentido alguna vez perdido en la negatividad? Si es así, ¿eres consciente de recrearte en los pensamientos y emociones negativos (repasando obsesivamente los factores que causaron la situación)?
2. ¿Recuerdas haber recabado las opiniones de otras personas para apoyar tu sufrimiento? ¿Cuál fue el resultado?
3. ¿Puedes recordar esa emoción ahora?
4. Si es así, estás dispuesto a afrontar esa emoción simple y directamente como energía, sin reprimirla mediante la disociación ni recrearte en ella continuando con la narración del suceso que la provocó?
5. ¿Eres consciente de que puedes elegir continuar o detener la narración de cualquier historia particular?
6. Comienza a contarte una historia en tu mente que te sea familiar y, en medio de una frase, detente.
7. ¿Qué resultado obtienes?

Capítulo 10.

LA PREGUNTA JUSTA

De noche, en la fría cama metálica del Preventorium, rezaba. Por supuesto, mi idea de la oración era muy infantil. No tenía la madurez suficiente para preguntarme por qué o cómo había llegado a aquella situación, solo sabía que quería desesperadamente salir de ella. Recé a Jesús, a mi idealización de Jesús, que debía amarme y podía salvarme. Una bendita noche, mientras estaba semidormida, sentí una presencia suave y radiante que me reconfortaba profundamente. ¡Jesús había enviado a su ángel guardián a mi lado! Me sentí asombrada, pero lo acepté, puesto que me resultaba natural y familiar. Me permití ser acogida en brazos del amor y me puse a descansar.

Cada noche me comunicaba con mi ángel guardián. Era muy real para mí, y solo con el tiempo me formé una imagen mental para acompañar al sentimiento que me causaba su presencia. En mi mente tomó la forma de un precioso y amoroso ángel guardián que protegía a dos niños amenazados por una tormenta, tal como lo había visto en una imagen. Me sentía completamente cómoda en su presencia y estaba segura de que seguiría a mi lado mientras lo necesitara. Tal vez estaba tomando el lugar de mamá, puesto que —a diferencia de ella— el ángel estaba conmigo en cualquier momento y lugar.

En una fase muy posterior de mi vida obtuve explicaciones más sofisticadas de lo que había ocurrido. Pero, cualquiera que sea la explicación, la verdad fue que, a través de esa experiencia, fui elevada de la desolación al solaz y al consuelo. Pude mirar la vida con ojos nuevos y experimentar su lado divertido y aventurero, en lugar de quedarme fijada en mis pruebas internas.

Todo mejoró. Podía comer más y jugaba sin esfuerzo con los demás niños y, entonces, un día mi familia vino a recogerme. Ni siquiera recuerdo esa jornada, puesto que ya me había rescatado mi ángel protector, cuando se dio a conocer. Al volver a Clarksdale, la vida fue más fácil en todos los sentidos. Como ya no estaba tan enfocada en lo que había perdido, fui capaz de amar de manera natural a mi hermanita.

Había perdido algunos meses del primer curso de primaria, de modo que mis padres me matricularon en una escuela católica local, porque las clases eran más pequeñas y podría recibir una atención más personalizada. En aquella escuela había muchas cosas terribles. Las monjas, con sus largos hábitos negros de lana, sus extraños olores y sus griñones almidonados y protuberantes parecían, y a menudo se comportaban, como brujas malas.

Como yo era episcopaliana, las monjas me consideraban perdida para Dios. En cualquier caso, eso no me eximía de asistir a clase de catecismo a primera hora de la mañana. Fue una sorpresa que me encantara. Me presentaron a un Jesús apasionado, rodeado de seguidores impetuosos dispuestos a sufrir muertes horribles para reunirse con él en el Cielo. Era un Jesús cuyo corazón sangraba de amor por nosotros (¡por mí!). Y allí estaba su preciosa madre eternamente pura, serena, con los ojos abiertos ofreciendo cuidado protector. Las estatuas y las historias de los santos completaban la sagrada familia con la que ahora pasaba tiempo cada día. Sentí que había conocido a mi verdadera familia. Me sentí en casa. Era muy feliz.

Cuando empecé a preparar pequeños altares a María y a Jesús en nuestra casa, papá y mamá se dieron cuenta de que no todo estaba yendo como ellos esperaban. Les pedí que me dejaran ir a misa con mis primos católicos, y me lo permitieron unas pocas veces. Sin embargo, pronto comprobaron con desazón que, si me mantenían en la escuela católica, podían estimular mis tendencias excéntricas, de modo que, para cursar el segundo grado, me trasladaron a la escuela pública de Clarksdale.

Me plegué a sus deseos y puse freno a mi fervor religioso. Más adelante me di cuenta del precio que había pagado por esa conformidad, pero seguía teniendo a mi ángel guardián y seguía amando a Jesús con todo mi corazón. Mi oración había sido respondida. La gracia había aparecido en una vida carente de emoción y había nutrido un corazón marchito. En el futuro, me esperaban muchos momentos de puro amor y largos periodos de sufrimiento; viviría décadas llenas de fracasos antes de poder ser consistentemente sincera con respeto al misterio del amor que había penetrado en mi dolor. Pero, por suerte, ya no me sentía totalmente sola y a la deriva.

En nuestra historia didáctica, es la niña más pequeña la que muestra la suficiente inocencia, es decir, la bastante apertura mental, para plantear la pregunta adecuada. Es una pregunta simple y evidente, y, sin embargo, es capaz de penetrar la compleja niebla mental del cinismo: «¿Nos muestras dónde está el tesoro?».

Las preguntas más sencillas revelan la verdad simple e innegable que subyace a todas nuestras complejas elucubraciones mentales. Cuando tomamos conciencia por primera vez de que *somos*, nos sentimos maravillados y afrontamos ese sentimiento con inteligencia. Somos, pero ¿qué es lo que somos? Mirar las estrellas, descubrir nuestro propio cuerpo y el de los demás, ser conscientes en la salud y en la enfermedad... todo ello contribuye a que nos sintamos maravillados y a nuestra capacidad inteligente, tanto de cuestionar como de elaborar respuestas. Las grandes preguntas conducen a enormes descubrimientos. El circuito de retroalimentación de la gran pregunta y del gran hallazgo conduce a una mayor capacidad de cuestionar y a hallazgos aún mayores.

A lo largo de los milenios, de múltiples maneras, nuestras preguntas han revelado tanto la luz al final del túnel como el callejón sin salida, puesto que los animales humanos descubrimos principalmente a través del proceso de prueba y error. A veces, los que nos han precedido son capaces de transmitirnos sus descubrimientos. En otras ocasiones, por más veces que algo haya sido hallado, tenemos que volver a encontrarlo por nosotros mismos. Se nos puede recomendar que nos alejemos. Pero, para conocer de verdad una cosa, tenemos que saborearla personalmente. Y como este procedimiento requiere tiempo, es correcto confiar en los demás para obtener información sobre esta experiencia de vida que compartimos. Tenemos científicos de todas las disciplinas, artistas de todo tipo, filósofos en todos los campos del saber, exploradores y cartógrafos de nuestro mundo físico dispuestos a compartir sus descubrimientos con nosotros. Aprendemos de todas estas disciplinas y nos maravillamos ante ellas. El conocimiento nos informa, nos entretiene y nos protege: hallamos estímulo y comodidad en el saber que está a nuestro alcance.

Sin embargo, hasta que no nos planteamos *nosotros mismos* las preguntas más simples y básicas, no nos conocemos de forma directa. El viaje que nos lleva del asombro del inicio del autodescubrimiento hasta la realización más profunda parece interminable, hasta que la pregunta adecuada le pone fin en un instante.

Nuestra historia didáctica nos muestra que la desdicha y la degradación pueden contaminar la claridad mental natural hasta tal punto que la pregunta más simple y esencial queda fuera de nuestro alcance. En el momento en que aparece el extraño, todos los miembros de la familia han sucumbido a sus versiones particulares de la inteligencia negativa. Han sucumbido, no se han rendido. Están derrotados, no abiertos. Su realidad es la esterilidad de su vida, y no consideran posible que haya un camino de salida. En su derrota, llegan a defender su desdicha contra la oferta del extraño. Se sienten atraídos hacia el estancamiento y el circuito continuo de actividad mental que consideran la realidad. Nos resulta fácil dejarnos sorprender por lo extremo de su ignorancia. Pero, si interpretamos a esta familia como nuestra familia humana, y a cada uno de sus miembros como aspectos de nosotros, estamos más cerca de comprender que muy a menudo defendemos aquello que contribuye a nuestra desdicha. Curiosamente, desarrollamos el hábito perverso de luchar por mantener nuestra identidad de víctimas. Contemplar esta forma común de ignorancia es el primer paso para abrir la mente a posibilidades desconocidas. Mirar más profundamente la estructura de nuestro sufrimiento es invitar a la gracia.

Y en un momento de gracia aparece la pregunta adecuada. La pregunta adecuada aporta de manera natural la respuesta correcta, o al menos despeja el espacio para el descubrimiento. El extraño no puede responder satisfactoriamente a la pregunta equivocada de la familia. Le plantean: «¿Por qué te burlas de nosotros?». Y él responde: «No me estoy burlando de vosotros. Os puedo ayudar».

En su ceguera, que es la nuestra, desean con terquedad únicamente la respuesta a su pregunta sobre sus razones para mofarse de ellos. El extraño es capaz de responder fácilmente a la pregunta correcta: «¿Nos lo muestras?».

El espacio se abre. Las aguas se separan. El camino se aclara. El asunto se resuelve.

En la infancia, las funciones cognitivas no suelen ser lo bastante sofisticadas para formular una pregunta esencial. Si una niña pregunta: «¿Quién soy yo?», se le responde con su nombre, o se la define a partir de una relación («eres la niñita de papá...»). Cuando somos adultos, nuestras funciones cognitivas se vuelven tan sofisticadas que pasamos por alto las preguntas simples en nombre de otras más complejas.

«¿Por qué me está ocurriendo esto?». «¿Qué tengo que hacer para que algo ocurra o deje de ocurrir?». «¿Quién me ha hecho esto?». Estas solo son algunas de las muchas preguntas que nos planteamos que solo pueden tener respuestas complejas y a distintos niveles. Sin duda, las respuestas complicadas reflejan la complejidad de muchas situaciones y, en función de dicha complejidad, tienen su mérito. No obstante, lo único que consiguen estas respuestas es dirigir la atención hacia el laberinto de nuestras múltiples versiones de las historias. Nunca nos conducen a la respuesta sin límites, sin historia, que es nuestra verdad desnuda.

La mente puede abrirse a la seguridad de la protección definitiva con una simple oración infantil de petición de ayuda. A esta presencia vivificante podemos darle el nombre de ángel guardián, Ser o Dios, pero todos los nombres son más complicados que la realidad de la presencia que experimentamos.

Cuando nos planteamos repetidamente preguntas que solo nos hacen sufrir más, pasamos el tiempo dando vueltas en circuito cerrado. Cuando nos preguntamos continuamente el por qué, seguimos con el hábito inútil de intentar atrapar nuestra propia cola. Por otra parte, si nos fijamos en quién tiene la culpa, o en lo que podríamos o deberíamos haber hecho, prestamos más atención al problema que a la solución.

La pregunta correcta es un ejemplo de la inteligencia innata afirmándose a sí misma, aunque aparentemente se plantee por las razones equivocadas. En nuestra historia, la niña pequeña quiere que el extraño deje de molestar a la familia hablándole del tesoro. Oír hablar del tesoro les duele a todos, puesto que son conscientes de su pobreza. Solo quieren que el extraño se vaya. No obstante, surge la pregunta adecuada: «Si él está tan seguro de que el tesoro está aquí, ¿por qué no dejar que lo encuentre?». Aunque enmarcada dentro de una estrategia para librarse del extraño, la pregunta sirve para romper el atasco que supone la negativa de la familia a esta posibilidad. Esta apertura queda confirmada por la sorprendente respuesta del extraño: «Lo encontraré».

A lo largo de nuestras vidas, los puntos de inflexión conscientes llegan tras cuestionamientos profundos. «¿Qué quiero?». «¿Cuál es el significado de todo esto?». «Cuál es el sentido de mi vida?». «¿Qué estoy haciendo?». «¿Qué debería hacer?». «¿Por qué estoy sufriendo?». «¿Cómo puedo cambiar mi vida?». «¿Cómo encuentro la felicidad?». «¿Dónde está Dios?». «¿Quién soy yo?».

Es posible que la lista sea interminable. Pero, cuando se plantean ciertas preguntas clave, la propia pregunta dirige la atención mental hacia la respuesta. El interrogante adecuado nunca se satisface con nuestras respuestas trilladas habituales. El sabio indio Ramana Maharshi afrontó un periodo de pruebas en sus años adolescentes al preguntarse: «¿Quién muere?». La profundidad de su pregunta lo condujo a un hondo despertar a eso que no puede morir. Él aconsejaba a sus discípulos que se preguntaran: «¿Quién soy yo?». Cuando esta pregunta se plantea plena y sinceramente, acaba revelando la conciencia ilimitada que está presente dentro del cuerpo del que pregunta, aunque no está limitada a él.

Si estamos dispuestos a plantear la pregunta correcta, la respuesta está aquí. Si estamos dispuestos a detener nuestra actividad mental para hacernos preguntas *esenciales,* el descubrimiento se revela.

Preguntas para la indagación:

1. ¿Qué quieres?
2. Si tuvieras eso, ¿qué te daría? (Repite esta pregunta dos hasta que tu respuesta revele lo que de verdad quieres, en lo más profundo de ti).
3. ¿Dónde lo has buscado?
4. ¿Qué está presente en el núcleo de tu ser que no necesita como punto de referencia ninguna historia, emoción ni sensación?

Capítulo 11.

DESCUBRIMIENTO

Cuando se plantea la pregunta correcta y la atención se dirige hacia el descubrimiento más que hacia la pérdida y la negatividad, la percepción del espacio interno se expande. Aquello a lo que éramos ciegos un instante antes de repente es evidente. Las fuerzas internas y externas pueden truncar nuestro acercamiento al hallazgo, pero, en el momento mismo en el que este se produce, lo único que existe es una revelación sorprendente.

El punto de inflexión de todas las historias es algún descubrimiento. Después de eso, el mundo ya no es plano, la Luna ya no está tan lejos y, quizá, incluso alguien haya superado una enfermedad mortal. No todos los hallazgos son fortuitos ni afortunados, por supuesto. Un amigo puede revelarse como enemigo; también podemos descubrir que aquello que creíamos verdadero es mentira. Podemos legar a ver que la enfermedad se está llevando nuestra vida, o bien que ya hemos perdido lo que más queremos. En la tragedia encontramos algunas verdades duras, y en el nacimiento y la renovación descubrimos una sabiduría alegre y perenne. Somos criaturas conscientes e inteligentes, y nuestras vidas están llenas de hallazgos de todo tipo.

La familia de la historia ha tenido la buena suerte de descubrir que realmente había un tesoro enterrado, sin duda un hallazgo arquetípico. Sus pruebas materiales acaban ahí, y se sienten salvados con razón. Como se trata de una historia didáctica destinada a demostrar la verdad de la abundancia que reside en el núcleo de nuestro ser, dejamos a la familia justo en el momento de su trascendental descubrimiento.

Si han extraído alguna sabiduría de sus problemas, serán prudentes en su manera de usar la abundancia inesperada. Tal vez sientan compasión por el sufrimiento de otros. Tal vez incluso aprovechen la oportunidad de sus pruebas y de su liberación para investigar cuestiones esenciales sobre la vida y la identidad. Sabemos que, si se olvidan de lo rápidamente que pueden cambiar las circunstancias de la vida, llegarán más lecciones duras en el futuro.

El suyo es un descubrimiento milagroso y, sin embargo, está lejos del que es verdadero y que revela el aspecto didáctico de la historia. La clave de su hallazgo no es la recuperación de la riqueza material, sino el hecho de que ha estado ahí *en todo momento*, bajo sus pies. Esperamos y creemos que la riqueza material nos salvará, nos redimirá, como también esperamos que lo hagan nuestras riquezas emocional y mental. Y es cierto que las riquezas de todo tipo confieren una sensación de seguridad fundamental. No tenemos que negar la importancia de contar con suficientes provisiones materiales, emocionales y mentales (y el placer de tener más que suficientes) para darnos cuenta de que ninguna de ellas basta para garantizar una satisfacción duradera.

Incluso si los miembros de la familia son sabios y prudentes en la administración de su abundancia material, ¿qué pasa con su verdadera riqueza interna? Ignoramos si tienen alguna idea de lo que significa la «riqueza interna», pero podemos decir la verdad sobre nuestra propia historia. ¿Eres consciente de tu riqueza interna? ¿Está oculta e incluso olvidada? ¿La estás explorando para descubrir si tiene límites?

Uno de los descubrimientos más importantes de mi vida fue negativo. Y, sin embargo, gracias a él se produjo el hallazgo fundamental de mi historia vital. A finales de los ochenta estaba viviendo una vida muy buena. Eli y yo nos habíamos trasladado de Bolinas a Mill Valley. Residíamos en una casita maravillosa con una hipoteca manejable. Ambos teníamos trabajos satisfactorios y, aunque nuestra relación aún pasaba algunas pruebas, nos reconocíamos mutuamente como compañeros de vida. Nos encantaba la comunidad en la que vivíamos, y nos amábamos. Y sin embargo...

Sentía un profundo anhelo que volvía una y otra vez. Este anhelo me decía que, cualquiera que fuera la sensación actual que tenía de mi vida, por más que me hubiera alejado de mi descontento anterior, algo en lo profundo de mí seguía inacabado. No podía descifrar qué permanecía inacabado, puesto que nada en particular estaba mal. A menudo ignoraba el anhelo o lo categorizaba como parte de mi neurosis básica.

En ese momento estaba segura de que había descubierto todo lo necesario para vivir una vida útil y feliz. Había explorado muchos caminos espirituales y seculares y descubierto numerosas herramientas útiles para apaciguar los deseos de mi corazón. Sabía que podía bailar o caminar por la naturaleza si me sentía estresada. Sabía meditar para calmar mi mente hiperactiva. Sabía dejar «mi» vida a un lado para poder ayudar mejor a la gente con problemas. Sabía que tenía que mantener una comunicación honesta y directa con mi pareja para vivir una relación madura. También sabía votar con conciencia y con corazón tanto en las elecciones como en las tiendas. Sabía muchas cosas. Pero no sabía qué deseaba mi anhelo.

Hasta que estuve dispuesta a admitir que no sabía. Al principio, esto evocó sentimientos negativos. *Pensaba* que *debía* saber. *Quería* saber. Quería que todo lo que sabía y practicaba aliviase la sensación incómoda que sentía en mi pecho. Después de un periodo breve y desdichado de resistirme a la verdad, abrí mi mente al hecho de que, una vez más —cuando decía la verdad más desnuda—, era consciente de anhelar algo que ni siquiera podía nombrar. Rendí todo el orgullo que sentía por mis logros a la verdad de que, a un nivel fundamental, seguía insatisfecha.

Tal como había orado para pedir ayuda unos cuarenta años antes, recé entonces para conocer la verdad. ¿Qué era la verdad? ¿Los vislumbres que había tenido de la perfección y de la belleza? ¿O era más verdadera la pesadez de la vida, siendo los atisbos del amor ilimitado solo un mecanismo de la química cerebral para ayudar a este cuerpo a completar su recorrido vital? No sabía la respuesta, pero recé pidiendo que, si alguien conocía la verdad, yo pudiera aprender de ese alguien.

Fue un tipo de plegaria diferente de la oración infantil que había ofrecido a Jesús. Si la verdad era que somos criaturas condenadas a nacer, procrear y morir, diseñadas para continuar la especie en un universo mecánico, estaba dispuesta a afrontarla. Si la verdad era que había algo más, quería conocerlo. No estaba buscando un gurú o un salvador; buscaba un verdadero maestro.

Un año después de reconocer que estaba dispuesta a afrontar la verdad y que necesitaba ayuda para saber dónde y cómo mirar, tuve el encuentro con mi maestro. Para mi sorpresa, él era un gurú, y aún fue más asombroso que tuviera que viajar a India para conocerlo. Siempre me había mofado de la relación sentimental y cargada de incienso que mantienen los devotos con el gurú. Estaba del todo segura de que mi sofisticación occidental me situaba mucho más allá de lo que un gurú podía mostrarme. No estaba buscando un escape en la devoción inconsciente, no tenía paciencia con los cambios de nombre y no quería asumir las tradiciones orientales en mi estilo de vida. Me equivocaba. Mi supuesta sofisticación y certeza se volvieron insignificantes cuando apareció mi maestro.

Eli conoció a Papaji antes que yo. Las cartas que me escribía mientras estaba visitando a este hombre notable estaban llenas de amor y comprensión. Me ponía que este hombre, H. W. L. Poonja, era auténtico. Me escribió para decirme que iba a volver para llevarme a conocer lo que llevábamos toda la vida buscando.

Pronto me encontré a orillas del Ganges, cara a cara con una fuerza enorme, llena de presencia y energía. La primera vez que lo vi, supe que él era la respuesta a mi oración. Salió a recibirnos a la puerta de la pequeña casa que tenía alquilada en Haridwar. Al abrir la puerta, me dedicó un saludo vigoroso y auténtico: «Bienvenida, ¡pasa!». Sus ojos profundos brillaban llenos de alegría e inteligencia. Me enamoré.

No tenía ni idea de qué ocurriría a continuación, pero sabía que tenía que prestar mucha atención. Lo que siguió fue el descubrimiento de mi vida. Aunque no lo sabía en el momento, el hallazgo que experimenté en su presencia, a través de su gracia y su guía, fue la apertura que me llevó de manera natural al cambio profundo y verdaderamente indescriptible que por fin puso mi vida al derecho. Encontrarme con él, escucharlo y estar en su compañía precipitó un descubrimiento que apareció como un trueno en mi mente, y que aún sigue, ahora calladamente, explotando dentro de mí veinte años después.

Cuando le pregunté a mi maestro cómo podía encontrar la verdad —en aquel momento lo expresé preguntándole cómo podía hallar la libertad—, él me dijo que descubriera quién era yo. Cuando le pregunté cómo, él me dijo que lo parara todo, que me mantuviera aquietada.

Aunque no entendía cómo mantenerme aquietada podría responder a mis preguntas, seguí sus sugerencias. Cuando llevé esta instrucción más profundamente a mi conciencia, reconocí que *parar* era una palabra muy amenazadora para mí. Imaginé que, si me mantenía aquietada y detenía todo movimiento mental, iría hacia atrás y perdería todos mis logros espirituales. No quería acabar siendo la persona que había sido en Clarksdale, Misisipi. Tenía miedo de que, si realmente paraba, podría no sentir el deseo de cuidar de mí misma o de los demás. Al final reconocí que, tal como yo lo entendía, detener mi mente implicaba morir. Tenía miedo de morir. Después de algunas discusiones internas inútiles, me di cuenta de que, aunque podía morir allí, en aquel lugar, no era muy probable que eso sucediera. Reconocí que el miedo a la muerte me impedía examinar lo que estaba ahí cuando realmente me mantenía aquietada. Si dejaba de buscar algo, ¿qué descubriría?

Me dijo que lo que andaba buscando estaba más cerca que mi respiración o el latido de mi corazón, y que siempre estaba aquí. Dijo que solo lo que está continuamente aquí puede ser real. Me pidió que descubriera lo real. Yo lo escuché y dejé de seguir los pensamientos que iban surgiendo con respecto a mi futuro. Dejé de discernir en quién era y en lo que necesitaba. Estaba aquietada. Con asombro, descubrí que la narración de mis pensamientos solo era continua aparentemente. Vi con claridad que lo que pensaba que era cambiaba con el paso de los pensamientos y definiciones. Mis definiciones de mí misma no eran continuas y, por lo tanto, no eran reales.

Cuando llevé mi atención a mayor profundidad, *más cerca* que cualquier pensamiento con respecto a mí misma, a mi mundo, a mis logros o a mis necesidades, descubrí el espacio continuo. ¡Un espacio que era consciente! El espacio consciente que en realidad siempre ha sido el trasfondo de todos mis pensamientos. ¿Era continuo? Él me aconsejó que lo averiguara por mí misma. Empecé a investigar de dónde surgían los pensamientos, en lugar de seguirlos en sus corrientes mentales. Los pensamientos aparecían y desaparecían, y el espacio consciente permanecía independientemente de ello. Todas las definiciones, descripciones e historias, con sus variantes deslumbrantes, tenían comienzos y finales. Me di cuenta de que el espacio consciente era el generador y el receptor de todo. Descubrí que era silencioso y consciente. Y era consciente de mí misma como este espacio silencioso y consciente.

Supe que yo era inseparable de cualquier cosa que apareciera en la conciencia (cuerpo, pensamientos, emociones, estados de ser) y, al mismo tiempo, independiente de todas las formas. Descubrí que la dualidad de nuestras percepciones cotidianas está encerrada en, y penetrada por, la unidad del espacio consciente.

Silenciosa, vacía y también llena... Me di cuenta de que era conciencia continua; de que me estaba encontrando a mí misma y, paradójicamente, siempre me había conocido. Este descubrimiento asombroso —¡y sin embargo evidente!— estaba impregnado del amor más puro que había experimentado nunca. Había amado a personas, lugares y objetos bellos, pero este amor no tenía limitaciones ni necesidades. Me hallé a mí misma como amor, tanto en el objeto como en el sujeto.

En los primeros días y semanas de este asombroso descubrimiento, mi atención vacilaba entre descansar de manera sublime en su hogar e intentar agitadamente definir, o controlar lo que se estaba revelando. Después de todo, uno de los objetivos de nuestro cerebro es dar sentido a nuestro mundo. Cuando seguía mi hábito de intentar *pensar* en lo que estaba ocurriendo, solo encontraba confusión y negación. Cuando mis pensamientos eran lo prioritario, sentía un leve pánico de perder lo que un momento antes parecía imposible extraviar. Pensaba: «¿Dónde está ahora? ¿Cómo lo he perdido?». Y entonces recordaba la voz de Papaji: «Detente. Aquiétate. Reconoce quién eres». Con estos ánimos podía detener mi hábito de buscar. Liberada del intento de encontrar, solo hallaba amor espacioso.

Finalmente, en un momento concreto tomé conciencia de que debía elegir: podía seguir los pensamientos o quedarme aquietada. Podía identificarme con la realidad generada por el proceso de pensamiento o con la conciencia abierta y espaciosa. No fue solo un instante de elección, sino también de temor. Yo debía escoger entre la aparente seguridad de *saber* a través de mi evaluación de la realidad y el *descubrimiento* a través de la apertura a la realidad. Conocer a través del pensamiento generaba una cautelosa ilusión de seguridad. Pero la pseudoseguridad ya me resultaba mortecina e insatisfactoria. Descubrir fue mi elección. Es mi elección.

Estaba familiarizada con el horror del lavado de cerebro. De niña me habían lavado el cerebro para que viera a las personas de piel oscura como inferiores. Para que creyera que la felicidad eterna consistía en encontrar al hombre adecuado. Para que pensara que podía alcanzar una satisfacción eterna mágicamente solo si hacía lo correcto. El lavado de cerebro es exclusión, y requiere mantener la información contradictoria fuera de nuestra consideración. La elección que estaba realizando era la de abrir mi mente a todo.

Al pensar en ello, no parecía posible. De hecho, cuando pensaba en ello, era imposible. Los pensamientos exigen limitar la atención a una cosa y excluir otras. Cuando somos incapaces de elegir qué pensamiento favorecer, nos sentimos confusos o «cognitivamente disonantes». Entonces, tratamos desesperadamente de buscar un pensamiento que sea congruente con la visión aprendida de la realidad.

Yo no podía encontrar un pensamiento que sustentara la apertura plena de mi mente a todo. No podía hallar un pensamiento que condonara la detención de los pensamientos.

Solo podía abrirme y suspender la confianza en que cualquier pensamiento fuera preciso. Estaba dispuesta a hacerlo. Al mismo tiempo, también temía las consecuencias. Supe que estar dispuesta a abrirme a lo desconocido, y más allá del conocimiento, es una elección, incluso en medio de un gran temor.

Lo que descubrí no era estático ni seco, en ningún sentido. ¿Cómo explicar un silencio que encierra y satura al universo? Había leído libros y relatos sobre la iluminación de los grandes seres, y había imaginado cómo debía ser esa iluminación. En un instante, este descubrimiento borró todas las comparaciones entre estados y grados de individualidad. Encontré la conciencia silente bajo esta forma llamada yo. Y también reconocí que, mucho tiempo después de que esta forma haya desaparecido, permanece el silencio, la sustancia consciente de la vida no disminuida por ninguna pérdida. Si no hay penetración de la vida que anima, no hay forma. Sin embargo, cuando la forma acaba (o cuando la vida que anima acaba con la forma), la vida sigue siendo.

Tomar conciencia y experimentar la conciencia silenciosa como mi propio ser liberó una inundación de afirmación de la vida. El temor a la muerte se retiró, puesto que la vida permanece después de que *yo* muera y, por encima de todo, yo soy vida. Yo reía continuamente y, al mismo tiempo, lloraba de dicha maravillada. La experiencia directa de ser consciente de mí misma como la conciencia misma se tragó todas las preguntas y todas las respuestas.

No sufrí un paro cerebral ni me volví insensata, como había temido antes de la rendición. A medida que mi conocimiento previo de la vida se fue silenciando, surgió un géiser de comprensiones personales y globales. Estaba presente la lucidez de la pura experiencia sensual que encontraba realización en cualquier cosa que percibieran los sentidos. Este dichoso estado de autorreconocimiento duró algún tiempo y, cuando la dicha pasó, no había anhelo, lamento ni sensación de haber perdido nada en absoluto. El yo soy se reveló como anterior a todos los estados. Los penetra y permanece cuando todos ellos pasan.

No surgía la cuestión de mantener ni conservar nada. La realización era simplemente ser, y ser consciente de que ese ser *es* consciente. La rendición natural de mi mente buscadora abría las ventanas de la comprensión cada día, incluso cada hora. Después de irme de Haridwar, le escribí a Papaji al menos una vez al día, y él me respondía con preciosas cartas en las que me daba ánimos y confirmaba mis logros. Era profundamente feliz y no necesitaba nada más. Notener ninguna necesidad preparó mi campo mental para el rayo que apareció de la nada una noche cuando Eli y yo estábamos juntos, regocijándonos de nuestra buena suerte.

Ocurrió algunas semanas después de que concluyera mi visita a Papaji. Estábamos en Esalen, California, donde Eli dirigía un grupo. En un momento de amor y alegría compartidos, mientras apreciábamos juntos la gracia asombrosa de haber conocido a nuestro verdadero maestro, el mundo tal como lo conocía se detuvo. Cuando volvió a ponerse en marcha (el tiempo no intervino), yo era libre. Libre de mí misma como forma y libre de mí misma como algo separado de cualquier forma. Libre de mí misma como forma y como informe. Libre del ego y libre de la ausencia de ego. Libre de la no iluminación y libre de la iluminación. La realización estaba allí, y no se necesitaba búsqueda ni buscador. La historia de los sufrimientos pasados no tenía significado ni poder en ese instante. Paz y amor. Momento bendito, vida bendita, todo estaba verdaderamente bien.

Miré a Eli y vi que somos el mismo ser incluso con todas nuestras diferencias. Las diferencias y la igualdad son partes de la totalidad del ser. La guerra entre lo *diferente* y lo que es lo *mismo* llegó a su fin. El fluir de la risa era la única descripción posible.

Hasta el día de hoy solo puedo decir que desde aquel momento no ha faltado la resolución ni la realización. Ha habido estados negativos además de positivos. Ha habido pena además de alegría. Ha habido pruebas y derrotas. Pero nada ha desbancado la certeza de que lo que yo soy lo incluye todo.

Y eso siempre ha estado aquí. Antes yo ya podía repasar mi vida y recrear mi historia personal, y reconocerme a mí misma desde la perspectiva de la conciencia como la pura conciencia silenciosa que siempre ha estado aquí. La única diferencia era que ahora yo me incluía a mí misma *como* conciencia junto con los objetos (yo, tú, sucesos, emociones, etcétera) de los que era consciente.

Podía pensar sin sentirme tiranizada por los pensamientos. Podía contar mi historia sin necesitar ser nada más que otro despliegue de la vida en la forma. Reconocí este mismo despliegue de la vida en todas las formas, tanto en las bellas como en las horribles. Reconocí este mismo despliegue en todas las emociones, en todo abrazo y en toda retirada. Reconocí que la vida despierta a sí misma es incontrolable e innegable, y caí de rodillas, llena de gratitud y asombro.

Este descubrimiento no pasó desapercibido a mi maestro, a mi gurú. Él estaba muy contento. Apoyó y confirmó mi hallazgo, y siempre me retaba a seguir descubriendo más y más completamente, con mayor plenitud y profundidad. Decía: «Intenta encontrar un final». También me dijo que ese descubrimiento era tan precioso que la mente intentaría robarlo, y, como buena ladrona, usaría todas sus habilidades y poderes para apropiarse de este tesoro maravilloso. Dijo que la mente sería como un lobo con piel de oveja, y que debía mantener una vigilancia constante.

Hubo muchos otros descubrimientos esperándome a medida que iba reconociendo la fuerza y el dominio de mi mente pensante. Afronté grandes retos y grandes humillaciones a medida que descubría que las advertencias de mi gurú eran verdaderas. Pasaba de estados elevados a estar hundida, y las ideas con respecto a mí misma que desfilaban ante mí podían contener una nota de menosprecio o de absurda y exagerada autoestima. Sin embargo, tanto en los mejores tiempos como en los peores, la conciencia silenciosa, consciente de sí misma, seguía siendo el fundamento de mi ser. Presente en todo, inmóvil y radiante. «Mis» descubrimientos no son míos, por supuesto. Son absolutamente frescos y auténticos, pero no nuevos ni únicos. Mi momento de despertar no fue el rescate o el tipo de tesoro que estaba buscando. No me concedió poderes mágicos ni protección del dolor. No me elevó por encima de lo humano, ni me salvó como ser humano de mis tendencias genéticas. De manera bendita, reveló lo que no necesita ser rescatado para ser libre, y lo que no necesita poderes mágicos ni ser libre de lo humano para experimentar la vida libremente y completamente en el amor.

Fue, al mismo tiempo más y menos que lo que andaba buscando. La simplicidad y la profundidad de ser solo puede verse disminuida o elevada por la mente pensante. En la experiencia directa, esa simplicidad y profundidad abruman todos los intentos mentales de orientarse en cualquier dirección. Ello es. Yo soy. Más de lo que puede ser conocido; todo lo que es conocido.

Siempre he fracasado en el intento de describir de manera precisa mi autodescubrimiento, aunque dicho fracaso es inseparable de su belleza y su profundidad. No puede ser atrapado y contenido en palabras. Ha permanecido libre y vivo, e innegable, mientras yo intentaba definirlo o describirlo felizmente.

Hay paz y dicha. Pero lo esencial con respecto a este hallazgo es su pura *vivacidad.* En un sentido completamente real, no es algo que me *ocurrió* a mí; es el descubrimiento de quién soy. Es al mismo tiempo el trasfondo, el primer plano y el terreno intermedio. Es pura vida, constante e independiente de lo que nace y de lo que muere.

Ello se conoce a sí mismo porque su sustancia es conciencia. Se encuentra a sí mismo en todas las formas y también en lo informe. Es la totalidad y está en todos los aspectos de esa totalidad. Y es, al mismo tiempo, más y menos que estas descripciones. Es lo mismo ahora que cuando se proclamó a sí mismo por primera vez, antes de que conociera mi nombre como yo soy. Cualesquiera que sean los sucesos y los cambios que le hayan ocurrido a esta forma, ninguno de ellos ha tocado la presencia viviente que soy. El cuerpo ha envejecido y continuará envejeciendo; las experiencias puntuales profundizan la experiencia de la vida; la expansión y la contracción aparecen y desaparecen, y las emociones y la ecuanimidad, como el yin y el yang, fluyen dentro y fuera unas de la otra.

En el sentido más fundamental, el proceso de tuvo que detenerse para descubrir que el *yo soy* es anterior a cualquier pensamiento o nombre que yo pueda tener. En abstracto, esto puede parecer obvio y, por tanto, inconsecuente. Pero, verdaderamente, —por nuestro apego a los pensamientos y la creencia de que son la realidad— este descubrimiento fue revelador más allá de toda medida. No me preocupa si este reconocimiento de uno mismo como conciencia se considera una función del cerebro o una prueba de gran inteligencia. Solo me importa el descubrimiento y el efecto que ha tenido en mi vida desde entonces. La «validez» de mi experiencia en términos científicos, espirituales o religiosos no puede alterar su verdad en mi vida. Asimismo, me da igual cómo cualquier otra persona elija definirla o diagnosticarla.

La satisfacción duradera solo se alcanza cuando se descubre la riqueza interminable de nuestro núcleo rebosante: la conciencia consciente y silenciosa. Todos conocemos el placer de los logros y la pena de perder lo adquirido. Aquí os invito a reconocer el tesoro que se revela cuando lo perdemos todo conscientemente. Cuando estamos dispuestos —aunque sea por un momento— a dejar de mantener vivo cualquier pensamiento sobre nosotros mismos y nuestro mundo. Lo que dura no está sujeto a las leyes del cambio. La conciencia silenciosa es consciente de los cambios, incluso inseparable de ellos, y, sin embargo, está libre de ellos.

Conocemos al menos el resultado inicial del descubrimiento de la familia de nuestro relato, y tú sabes mucho de mi descubrimiento. Pero ¿qué hay del tuyo? ¿Has realizado hallazgos significativos que hayan cambiado tu vida, tanto si fueron repentinos como si se produjeron a lo largo del tiempo? Si das un paso atrás y tomas distancia de tu historia, ¿eres capaz de decir la verdad con respecto a lo que se necesita para que esta historia llamada yo (asociada al nombre al que respondas actualmente) alcance una solución?

Tal vez practiques la oración, o tal vez no. Pero el deseo y el anhelo de resolución puede considerarse un tipo de plegaria. ¿Qué anhelas? ¿Puedes abrir tu mente para que el anhelo mismo, independientemente de a qué esté asociado, pueda dirigir tu atención hacia posibilidades de descubrimiento y resolución?

Preguntas para la indagación:

1. ¿Estás dispuesto a dejar de buscar fuera de ti este momento de descubrimiento?
2. ¿Qué descubres en el núcleo profundo de ti mismo cuando no está presente ninguna historia de deseos no realizados?
3. ¿Estás dispuesto a detenerte y comprobar varias veces al día si eso que está en el núcleo sigue presente hasta que sepas *sin lugar a dudas* que siempre está aquí?
4. ¿Estás dispuesto a no estar atado por los relatos, o por los nombres, o por la historia?
5. ¿Estás dispuesto a estar desnudo ante ti mismo?

Tercera parte

Capítulo 12

FINAL ABIERTO

Todas las historias acaban, y también todas las vidas. Y en una vida, o incluso en un día, terminan las emociones, los pensamientos y las sensaciones. Cualquier cosa que tenga un principio tiene un final. Esto es un hecho y es evidente. Y, sin embargo, la aparente desnudez de este hecho hace que lo pasemos por alto, que lo neguemos y luchemos contra él. El reconocimiento de los finales y la posibilidad de estar en paz con ellos es la marca de una madurez que no suele ser muy común. El necesario reconocimiento del final inevitable prepara la mente para la apertura a la realización de lo ilimitado. No lo ilimitado de una cosa o de un cuerpo, y ni siquiera del universo: lo ilimitado de la pura nada, del espacio ilimitado.

La historia didáctica acaba con la promesa de una prosperidad renovada para la familia. Esa historia también acabará algún día, aunque el final esté a generaciones de distancia. Mi historia y tu historia han tenido muchos finales, y es de esperar que tengan muchos más hasta que llegue esa conclusión que llamamos *muerte.*

La certeza del final, aunque se niegue, es lo que confiere a nuestras historias individuales y universales su nitidez e inmediatez. Algunos finales son abruptos y, con ellos, todo lo que vino antes parece carecer de valor y de sentido. Que una vida joven acabe repentinamente supone un desafío para nuestra comprensión. Otros finales son naturales y gráciles, y resuelven todo lo anterior, preparando de manera natural el camino para el próximo ciclo de experiencias de vida. La imagen de un abuelo junto al bebé recién llegado a la familia evoca una sensación de que así es como deben ser las cosas.

Si nos ponemos sentimentales con respecto a nuestra historia, podemos tener un comportamiento infantil cuando llega su inevitable final. Nos enfurecemos, lloramos o nos metemos dentro de algún pseudocapullo protector: drogas, alcohol, actividades que nublan la mente, etcétera. Si nos mantenemos sobrios en el reconocimiento del final, podemos ver nuestras historias como reflejos de nuestros particulares romances con la vida. No siempre son suaves y fáciles, y a veces, son auténticas tragedias, pero merecen la pena en todo momento.

En mis años adolescentes, vivía y respiraba historias, y estaba fusionada con la historia en la que aparecía como yo, Toni Roberson, tal como la gente que me rodeaba estaba fusionada con sus respectivas historias. Creé distintas versiones de mí siguiendo de cerca cómo tomaban forma otras historias. Estudié a las estrellas de cine y los papeles que representaban. Observaba a los adultos y a los niños mayores de nuestra pequeña ciudad y escuchaba sus diálogos. A veces, los sábados, los niños de nuestro vecindario hacíamos obras teatrales en las que representábamos distintos personajes.

(Mi papel más memorable fue el de Salomé en la danza de los siete velos). Me perdía tanto en libros baratos como en buenas obras literarias a medida que iba componiendo las piezas de mi personaje. Todos hacemos esto, cada uno a su manera. Hace falta imitación y experimentación, así como afinidad genética, para construir un carácter coherente a muchos niveles.

De adolescente empecé a trabajar sobre lo que percibía como mi fealdad. Me suscribí a la revista Seventeen y la estudiaba fielmente cada noche. Aprendí a maquillarme y a ponerme sostenes y fajas. Esto empezó cuando estaba en séptimo grado. Después aprendí a sonreír y a hacer amigos. Ya no estaba tan sola y, a medida que me iba sintiendo aceptada, ya no me sentía tan fea. Todo esto exigió trabajo. Ponerme los rulos cada noche, tratar mi acné adolescente y mantener el secreto del alcoholismo de mi familia requería toda mi atención. Después de algún tiempo empecé a tener buenas amigas que estaban tan interesadas como yo en ser guapas y populares, y nos divertíamos mucho.

Los periodos en los que me tomaba un respiro de mi profunda falta de autoestima siempre llegaban a su fin. Sin embargo, en mi inmadurez, acostumbraba a pensar que la última manera que había encontrado de gestionar la vida duraría eternamente. Cuando mis estrategias adolescentes dejaron de funcionar, entré conmocionada en todo un nuevo ámbito de maduración. Todos mis intentos de gestionar mi vida —que siempre giraban en torno a mantener bajo control mi fealdad y mi soledad— llegaban a su final y, cada vez, esto me producía una conmoción. En el momento, cada conmoción era indeseada, pero ayudaba a debilitar la estructura de mi *yo.* Cada una de ellas reveló la capacidad que tenía la *vida* de desintegrar cruel e impersonalmente mi última versión de *mí* misma.

Cuando reconocí mi relativa impotencia frente al poder de la vida con su futuro incognoscible, me sentí humilde. Al principio, esta humildad fue una humillación, y formaba parte de mi triste historia. Era algo que tenía que «trabajar». Cuando dejé de resistirme a la humildad, se produjo una apertura preciosa. Fue el comienzo de la rendición. Tomé conciencia de que coleccionaba ciertos aspectos de los sucesos de mi vida, y de sus reveses, para alimentar mi historia personal de sufrimiento. Lentamente, empecé a reconocer ante mí misma que al menos una parte de ese dolor era innecesaria. Empecé a cuestionar la legitimidad antes irrefutable de mis pensamientos con respecto a mí misma.

Recuerdo un momento concreto en el que estaba llorando mi desdicha (a estas alturas ya tenía treinta y tantos) y advertí que, de una manera extraña e insatisfactoria, encontraba cierto placer en mi sufrimiento emocional. En ese instante elegí mirar más de cerca mi masoquismo sutil. Como resultado de esta revelación chocante, empecé a reflexionar profundamente sobre la historia de mi vida. Al final descubrí el hilo que mantenía mi historia trágica en su lugar.

Cuando examiné mis días en el Preventorium, supe que mis padres me estaban victimizando. Era doloroso y en ello no había ningún placer. Después fui rescatada por la visión de un ángel, y en ello hubo una dicha y una alegría exquisitas. Aquel periodo de sufrimiento, seguido por el rescate milagroso, se convirtió en la plantilla para la expresión temática, siempre en metamorfosis y sin embargo consistente, de mi historia personal. La satisfacción causada por mi rescate inicial duró hasta los años de pubertad, cuando afronté la tiranía de las hormonas. No me sentía víctima de mis hormonas —probablemente nunca había oído la palabra *hormona*—, pero me sentí traicionada y victimizada por la extrañeza de mi cuerpo y el horror del vello corporal, que había sido rubio y ahora se estaba oscureciendo y era más abundante.

Me sentía fea y creía que este sentimiento era una prueba de la verdad sobre mí. Si me miraba en el espejo, veía fealdad. Y si miraba dentro de mí —de la manera que mejor sabía—, veía la misma fealdad constante. Aún no era consciente de que hubiera algún placer oculto en estas evaluaciones, pero en realidad, había un sentimiento de martirio perverso y ligeramente emocionante. Una sensación de estar bien aunque me hicieran mal que contenía el placer oculto del masoquismo.

El rescate de la desdicha fue el punto final del drama de mi infelicidad. En mi teatralización de la realidad, yo no conocía la paz sin causa. La paz solo seguía a —y por tanto era resultado de— algún tipo de guerra. Una traición del tipo que fuera me llevaría a algún tipo de redención. Estaba tan metida en mi mundo de ficción que inicialmente no tenía conciencia de que estaba representando un papel. Aunque recibía una sorpresa pésima al final de un periodo de tranquilidad o abundancia, en mi teatro interno tenía que ser así. ¿Cómo podría despertarme el príncipe con un beso del hechizo de la bruja malvada si no había bruja malvada?

Mi drama no se acabó en ese punto, pero el reconocimiento de mi participación voluntaria en mi propio dolor emocional marcó el final de la elección de seguir presentándome como una víctima. Empecé a ver que disfrutaba del drama y estuve dispuesta a descubrir cómo solía recrearlo. Al empezar a decir la verdad, me quedó claro que trabajaba repetidamente, con imágenes dolorosas específicas, la última traición sufrida. Volvía a estimular mi sufrimiento, que, en realidad, era un dolor físico: un cuchillo en el corazón o en las tripas. Y lo hacía, ahora podía verlo, por el entretenimiento morboso de sentir dolor.

Fue fácil asignar el papel de bruja malvada. Los reveses de la vida me ofrecieron muchos verdugos para justificar mi encarnación de la víctima. ¿Y dónde estaba el príncipe con su beso mágico? Oh, esa era siempre la emocionante recompensa por mi dolor. Pero, cuando finalmente vi que me estaba emborrachando de mi dolor, mi hábito empezó a perder su atractivo. Se me rompía, y aún se me rompe, el corazón; pero mi teatro interno, que me había parecido singularmente trágico, demostró ser banal y nada original. La vergüenza me devolvió la sobriedad.

Algunos años después de este reconocimiento, descubrí que mi identidad de ser alguien estaba vinculada a la repetición de mi viejo y triste drama. Este hallazgo me ayudó a ver lo automático, e incluso impersonal, que era mi particular estilo de sufrimiento. E incluso con este descubrimiento revelador, hasta encontrar a Papaji, ni siquiera consideré la posibilidad de que la totalidad de la historia pudiera llegar a su fin. Solo al conocerlo y seguir sus instrucciones me di cuenta de que había intentado hacer real una ilusión de mí generada por años de teatro.

Había asumido que, si trabajaba lo suficiente con mi historia y mis elecciones, podría hacer una historia mejor. Sin embargo, por mucho mejor que fuera la mia —y llegó a ser realmente buena—, aún tenía que seguir trabajándola. Había descubierto que yo misma había sido la causa de mi adicción al sufrimiento y, ahora, me veía a mí misma como la causa de mi felicidad. Los resultados eran mucho mejores, pero el trabajo era interminable. Y nunca era suficiente. Aún seguía sin haber bastante amor, o pruebas de amor, y nunca suficiente reconocimiento, salud o juventud. Todo seguía relacionado *conmigo,* con la última encarnación de una «buena historia», y el infortunio esperaba a la vuelta de la esquina. O al menos eso temía.

Poco antes de cumplir los treinta, me conmocionó comprobar que no podía obligarme a mí misma a entrar en el molde de la madre y la esposa perfectas una vez que estos papeles dejaron de ser novedosos. A los treinta me conmocionó que el estilo de vida libertino de los años setenta no me aportara la libertad que anhelaba. Posteriormente me conmocionó que las experiencias meditativas de expansión y paz, acompañadas por profundas comprensiones, no durasen. Me consternaba que todo lo que pudiera hacer o crear, por más inspirador y maravilloso que fuera al principio, siempre estaba destinado a desaparecer. Y cuando miraba a mi alrededor, fuera de la esfera limitada de mi propia vida, veía lo mismo.

La juventud pasa, los talentos se desvanecen, las posibilidades acaban. Las civilizaciones que solo conocía por sus nombres exóticos: fenicia, inca, escita habían florecido y se habían venido abajo. Los imperios más poderosos habían acabado en la infamia o en la oscuridad. Habían sobrevivido las leyendas artúricas o de la Atlántida, pero la verdad sobre el lugar y la gente había desaparecido. Las religiones habían perdido la simplicidad de sus inspiraciones mucho tiempo atrás; las revoluciones habían acabado convirtiéndose en aquello contra lo que habían luchado; la gente moría a cada segundo.

Por fin me había reconciliado con la verdad desnuda de que no podía forzar ni seducir a la vida para que me diera lo que quería y, mucho menos, para que durara eternamente. Tenía que crecer. Todo acaba. Tenía más de cuarenta años cuando me rendí a la vida, en lugar de continuar con mis absurdos y frustrantes intentos de controlarla. Finalmente, me di cuenta de verdad de que cualquier cosa que hubiera adquirido acabaría cambiando. Nada permanece igual.

Si todo lo que deseaba —paz mental, felicidad, amor, seguridad— tenía que cambiar forzosamente, ¿qué podía hacer? Necesitaba saber cuáles eran las posibilidades. Había leído sobre yoguis y santos que vivían en estado de dicha continua, pero era difícil equiparar mi situación con la suya. No imaginaba que pudiera desarrollar suficientes poderes yóguicos para mantener un estado de felicidad permanente. ¿Estaba condenada al retorno perpetuo de la desdicha? En realidad, no sabía qué era la iluminación. Pero, si significaba conocer la verdad sobre la vida y sus posibilidades reales, sabía que yo quería eso. Renuncié a mis ideas sobre la vida, así como a la mayoría de las ideas sobre mí misma, y recé para que llegara a mí la verdadera comprensión. Asumí el reto de dejar de trabajar mi propia historia.

El esfuerzo por hacer una buena historia, incluso una historia genial, está condenado al fracaso hasta que nos damos cuenta de que la historia *solo es una historia*. El trabajo con la ilusión no afecta a lo verdadero, pero tiende a hacer que la ilusión parezca más real. Por más involucrado que pueda estar el autor o el lector de una historia, siempre tiene la opción de dejarla a un lado. Yo estaba preparada para afrontar esa elección. Tú tienes la misma elección a tu alcance.

Esta rendición fue la preparación para el encuentro con mi maestro. Cuando me aconsejó que encontrara «lo que no viene ni va», supe que todo lo que puedo nombrar viene y va. Cuando me dijo: «Solo lo que no cambia es real», mi atención se agudizó. Papaji me contó la historia de su encuentro con su maestro, Ramana Maharshi. Le había preguntado si podía mostrarle los mismos dioses que él había visto en sus visiones y Ramana respondió: «Los dioses que vienen y van son inútiles, encuentra lo que siempre está aquí». Al oírlo, una resonancia vibró dentro de mí.

Aun así, hizo falta un salto de fe para retirar mi atención de las cosas que cambian forzosamente. Confiaba en que algún día podría estabilizar las arenas movedizas de mis emociones. Mis estados de ánimo se habían hecho más estables, y sin embargo, algunos que yo no deseaba seguían apareciendo de vez en cuando. Si soltaba la atención que había dedicado a esperar y a conseguir esa estabilidad, ¿podría perder lo que había ganado? Si dejaba de esperar una experiencia o un suceso interno que nunca cambiara, ¿estaría renunciando a mi lugar en la cola que conducía precisamente a conseguirlo?

Papaji se reía de mis preocupaciones. «Tienes miedo porque aún te ves a ti misma separada de la realidad. Aún te ves a ti misma separada de lo que anhelas». Su risa era amorosa y me animaba, pero también era despiadada. No me daba apoyo para que yo produjera una historia mejor, o un papel mejor dentro de mi historia. No estaba «fortaleciéndo*me*». Él señalaba constantemente que mi *yo* solo existía en mi mente y en otras mentes que había involucrado en la ilusión. Para mí, inicialmente, su instrucción de pararme fue como una muerte, aunque, en realidad, era la vida no obstaculizada por todos los hilos entramados que formaban mi identidad.

Sin saber exactamente cómo rendirme, estaba dispuesta a dar el salto. Lista para dejar de contar la historia, y ahora te invito a dejar de narrar la tuya.

Cuando estamos dispuestos a que acabe nuestra historia particular, aunque solo sea por un momento, descubrimos que lo que queda tiene un final abierto. Entonces, si la historia reaparece, o si otra toma su lugar, podemos reconocerla como materia prima para una indagación más profunda.

Papaji rechazaba el papel de salvador y me aconsejó que dejara de trabajar en cualquier cosa, al menos para dedicar un momento a la indagación. Dirigió mi atención hacia lo que está aquí antes de mi drama, durante mis dramas y cuando acaba cada drama particular. Él no aceptaba un papel en mi viejo drama raído. Bajó el telón y reveló que todo era un engaño. Yo había experimentado mi «problema» como una pesadilla trágica y recurrente. Pero, al verlo como realmente era —algo fabricado por mis propios pensamientos—, me eché a reír.

Descubrí el bálsamo curativo de reírse de uno mismo. Reconocí el aspecto cómico de las tragicomedias que vivimos en las producciones individuales de nuestras mentes. Me reí de mí misma con asombro y con amor, al darme cuenta de que mi comedia tiene mucha más vida que mi tragedia.

Las historias se transforman y reaparecen. Reconocer el trasfondo de conciencia silenciosa, inmutable y desnudo no mantiene la historias bajo control. El autorreconocimiento revela simple y profundamente que ninguna historia puede alterar la conciencia silenciosa. Papaji llamaba parabda karma a la continuación de la historia de una vida particular: las elecciones continúan teniendo consecuencias, causa y efecto siguen presentes y las acciones siguen siendo apropiadas o inapropiadas. Sin embargo, de manera fresca y sorprendente, la conciencia silenciosa se revela como el núcleo de todas las versiones nuevas y viejas de cualquier cosa que aparezca. La historia puede provocar emociones extremas y, sin embargo, no puede ocultar lo que permanece en paz.

En 2005 descubrí que mi marido estaba enamorado de otra mujer y que había mantenido una aventura con ella durante los tres últimos años. El hecho de que ella también fuera su asistente y alumna hizo que la conmoción fuera más profunda y complicada. El enfado, el escepticismo y un profundo dolor inundaron mi cuerpo emocional. Fue una historia de traición inesperada que me conmocionó por completo. Contribuí a la historia aventando mi ira y cediendo a mi dolor. Le grité y le tiré cosas. Le dije que no quería volver a verlo y sentí odio. El poder de la desilusión me puso de rodillas. Y, sin embargo, nunca hubo ausencia de amor. En el núcleo siempre había silencio.

Gracias al simple y profundo reconocimiento del silencio omnipresente, no tuve que exhibir los viejos trapos del victimismo. No tuve que recapitular continuamente en mi mente la tragedia ni torturarme. Pude experimentar los sentimientos que iban surgiendo, reconocerme conectada con ellos y, al mismo tiempo, libre de ellos. Pude permanecer desnuda, como silencio, a medida que el entramado de viejas historias de traición y pérdida aparecía y desaparecía. Esencialmente desnuda, pude afrontar esta historia.

Nos dimos cuenta de que nuestra historia como pareja, con todas sus vueltas y giros, tenía que acabar. Nos soltamos mutuamente. Detuvimos nuestras historia. Y aunque ambos sentíamos el tremendo dolor de perdernos, también experimentamos libertad cuando la carga del *nosotros* se cayó. Luego hubo muchas emociones complicadas. Muchas lágrimas. Viví la muerte de la ilusión de mi relación indestructible. No fue fácil, pero fue necesario. Por más que lo valoraba a él y atesoraba nuestra relación, me sentí completa y feliz incluso en medio del dolor de perder lo que amaba.

Después de una separación breve pero completa, nos reconciliamos. El amor incontrolable que nos había juntado treinta años antes volvió a unirnos. Pero en esta reconciliación nos juntamos sin necesitar realización uno del otro. Treinta años antes ambos buscábamos la realización, y nos veíamos mutuamente como un objeto necesario para esa realización o como algo que la bloqueaba. Ahora ambos nos dimos cuenta de que las semillas de nuestra historia de traición se habían plantado en aquella primera inmadurez e ignorancia. Y nos comprometimos a deshacer nuestros respectivos papeles en ese drama.

La historia de nuestras sutiles y ocultas elecciones de escondernos, de sentirnos víctimas y vengarnos el uno del otro tenían que quedar expuestas. Cada día examinábamos nuestra historia más profundamente. Tuvimos que ver cómo habíamos estado en guerra. La historia apuntaba hacia los lugares donde el engaño y la oscuridad aún necesitaban verdad y luz. Cada uno de nosotros tenía que estar dispuesto a asumir y a soportar la responsabilidad de su papel. Teníamos que descubrir las justificaciones ocultas y las racionalizaciones destinadas a negar e ignorar la disfunción de nuestra relación.

Fue una época de humildad y de una dulce profundización, humanizadora y trascendente al mismo tiempo. Nos estremecíamos ante nuestra mezquindad y nos reíamos o llorábamos ante nuestra estupidez, a medida que nos íbamos acercando como compañeros divinos y también como seres humanos defectuosos.

Sin esta contrariedad en mi matrimonio, nunca habría tenido la oportunidad de mirar tan profundamente nuestra historia de treinta años de amor, aventura, necesidades, heridas ocultas, furia y, después, liberación y resolución. En medio de la pérdida, encontré una redención más profunda. Al estar dispuesta a decir la verdad de lo que había perdido, descubrí de forma más completa lo que seguía presente.

No me siento feliz de que hiciera falta una traición para despertar nuestro matrimonio, tal como no me hacen feliz muchas de las historias que se desarrollan en el mundo. Me siento feliz de que aprovecháramos la oportunidad de la desilusión para mirar nuestra historia y también dentro de nuestros corazones. Los dos seguimos siendo seres humanos con defectos y estamos en una relación divina.

Siempre es posible que mi historia vuelva a pillarme desprevenida y que me traiga sorpresas positivas o negativas. Todos tenemos la capacidad de ignorar lo que tenemos que acabar viendo. Mi maestro me advirtió que hay que mantener la vigilancia hasta el último aliento. Mi experiencia directa me lo confirma.

Este libro no es el final de mi historia ni de la tuya, puesto que es probable que las múltiples historias que desarrollan nuestros cuerpos físico, emocional y mental duren algún tiempo más. Este libro puede señalar el final de la manera en que has elegido contar la tuya, identificándola con la realidad con respecto a ti mismo. Puedes acabar con tu papel protagonista en la historia a la que has dado el nombre de «Yo, la víctima», así como en la otra titulada «Yo, el héroe». Puedes elegir no identificarte con los papeles que te causan un sufrimiento innecesario surgido de antiguos dramas de tu vida. Y lo que es más importante: puedes darte cuenta de que cualquier historia que se esté contando no es más que una historia. Por más identificado que estés con ella, siempre tienes la elección de indagar más profundo. Sin negar ni menospreciar tu historia, puedes percibir la base de ser en la que surge, y reconocer dicha base como tu verdad continua y viviente. Puedes dejar de identificarte con tu historia antes de que la muerte acabe con ella.

El sufrimiento que te causa tu identificación con tu historia, como si fuera la verdad de ti, puede acabar. No hace falta más tiempo. Es cierto que tu historia es tuya, y tal vez sea una historia importante. Está iluminada por la conciencia misteriosa que la genera y atiende, pero sigue siendo una historia y, como tal, tiene un comienzo, una parte central y un final. Una historia, como un cuerpo, tiene nacimiento y muerte. La indagación profunda en tu historia, o en cualquier otra, revela la naturaleza didáctica de todas las historias. La indagación revela que la conciencia se reconoce a sí misma en todas las formas, y en todas las versiones de todas las historias. No tenemos por qué sentirnos tiranizados por ninguna historia que aparezca en la conciencia, aunque ciertos aspectos particulares de ella nos provoquen un profundo dolor o una gran alegría.

El cuerpo tiene su propia historia y cronología, que se desarrolla hasta que muere. Las historias del pasado pueden surgir en recuerdos, sueños o sucesos. Los hábitos y las conductas pueden continuar o no. Los papeles del pasado pueden resucitar y volver a ser representados. Nada de esto tiene ningún efecto en el reconocimiento de ti como el núcleo silencioso que es consciente de sí mismo dentro y fuera de todas las historias. De repente, y con el tiempo, te reconoces libre de tu historia y también te ves como el ímpulso que la lleva a descubrir a su autor.

Podemos percibir aspectos de nosotros mismos en cada personaje y situación conocidos o imaginados, a lo largo de ciclos y más ciclos repetidos que se extienden durante eones: ganando y perdiendo, dormidos y despiertos, conociendo y olvidando, viendo y siendo ciegos, oyendo y siendo sordos, con intensidad e insensibilizados, con el corazón abierto y cínicos, en el argumento y en el subargumento, como protagonista y antagonista, como héroe y villano, tirano y liberador, extraordinario y ordinario, adornado y simple, en historias contadas y vueltas a contar.

Por último, podemos reconocer plenamente nuestro verdadero ser como la conciencia silenciosa y consciente en la que se despliegan todos nuestros personajes y circunstancias.

Capítulo 13

CONCIENCIA SILENCIOSA

Antes de todo, por encima de todo, por debajo de todo y en medio de todas las historias, hay silencio. Espacioso, ilimitado y misterioso en su existencia, siempre está presente. Tenemos miedo del silencio completo porque representa el estado de muerte y, no obstante, anhelamos la renovación que nos brinda cada noche. Es invisible pero sustancial, puesto que no puede ser destruido. Es posible pasarlo por alto, o puede quedar encubierto por el ruido de las imágenes y de los pensamientos internos y externos, pero sigue estando ahí después de que todo lo demás haya ido y venido.

No puede ser aprendido, puesto que es el campo donde todo conocimiento surge y desaparece. Uno no puede adquirir la conciencia silenciosa, pero cualquiera puede reconocer que la conciencia misma es silenciosa en sus profundidades, por más ruido y agitación que estén presentes en su superficie.

La conciencia silenciosa es el sujeto inmutable. Todos los objetos aparecen y desaparecen en ella. Las formas materiales y sutiles de todo tipo, todos los estados mentales, todo lo que llamamos realidad surge en la conciencia silenciosa. Los objetos vienen y van, y la conciencia silenciosa permanece.

La conciencia es libre de definición, aunque su nombre se usa vagamente para definir *estados* de conciencia particulares: conciencia trascendente, conciencia mundana, conciencia subconsciente. Silenciosa y consciente, la conciencia no tiene necesidad de nombre ni forma, ni siquiera del tipo más sutil, puesto que es existencia sin límites. Y, sin embargo, ningún nombre ni forma puede separarse de ella.

El descubrimiento de que la conciencia silenciosa es la presencia inmutable de nuestra verdadera identidad es de una importancia capital. Todas nuestras maneras de definirnos desaparecen en el instante expansivo de reconocimiento de la presencia inmutable, informe, silenciosa. Nos regocijamos natural y profundamente al reconocer que, con independencia de cualquier nombre o forma, adquisición o pérdida, experiencia positiva o negativa, *esto* siempre está presente. *Esto* es quien yo soy. *Esto* es quien tú eres.

Se ha dicho a lo largo de las eras que la esencia de nuestra realización cuando alcanzamos la verdad no puede expresarse con palabras. Y, sin embargo, como seres humanos dotados del extraordinario poder del lenguaje, debemos hablar. Y si fracasamos en nuestros discurso, si nuestro lenguaje se queda corto una y otra vez, fracasamos dichosamente. Cuando erramos en el uso de las herramientas de nuestro intelecto evolucionado para captar la fuente misma del intelecto, esta derrota bendita nos conduce a la humildad.

Cuando se usa el lenguaje como portador de la transmisión del silencio, las palabras nunca pueden ser suficiente. Tampoco lo son los conceptos. La comprensión intelectual de lo que se está diciendo nunca resulta suficiente. Lo que *es* suficiente es abrir nuestro centro cerebral del procesamiento y del pensamiento a la receptividad. Entonces se revela de manera natural lo que está en la base del proceso de pensamiento.

El *yo* que todos usamos para referirnos a nosotros mismos es la raíz. El fundamento, sin el que no habría raíz, es la conciencia silenciosa. El fundamento, después de dar a luz todas las cosas, y de recibirlas en la muerte, permanece inseparable de todo y, paradójicamente, libre también de todo. Es la madre de todos los budas y también de todos los judas. El perdón de todos los pecados, la bienvenida al hogar. Como animación consciente de la individualidad y, a la vez, informidad consciente, se conoce a sí mismo como exclusivamente uno, y después como todos.

Cuando, en su búsqueda espiritual, alguien le preguntaba a Papaji cómo realizar la verdad, él respondía simplemente: «Mantente aquietado». A veces estas simples palabras producían un gran golpe, y el buscador se quedaba anonadado ante la revelación de la mente aquietada. A veces un estudiante se rebelaba ante las palabras, pues evocaban recuerdos desagradables de cuando era un niño y se le decía que estuviera callado. A menudo tenía que transcurrir algún tiempo para que la naturaleza radical de la frase «mantente aquietado» llegara a calar. No les pedía a sus alumnos que dejaran de hablar. Nos indicaba nuestra verdadera naturaleza. Estaba dirigiendo nuestra atención hacia lo que está aquí, tanto si hay pensamientos como si no. Cuando decía: «Mantente aquietado», apuntaba hacia la conciencia silenciosa que es quien uno es. Te daba instrucciones para que fueras quien eres.

Cuando la instrucción calaba, el resultado inmediato solía ser la risa. Risa a menudo acompañada por lágrimas de alegría. ¡Qué cerca ha estado siempre! Como decía Papaji: «Más cerca que la respiración, más cerca que el latido del corazón».

Posteriormente, los pensamientos volvían a empujar pensamientos como: «Ya lo tengo. Mi mente se ha detenido. Dios mío, no sabía que esto podía ocurrir». Entonces Papaji sonreía o reía y decía: «Muy bien, muy bien. Ahora mantente aquietado». Si el buscador era realmente serio, o al menos reconocía que estaba ante una oportunidad sin igual, se quedaba callado. Se mantenía callado y escuchaba. Las enseñanzas de Papaji eran directas y simples. «Encuentra lo que no cambia. Descubre lo que no viene ni va. Deja de buscar. Averigua quién eres».

Ante todas las preguntas sobre *cómo, por qué* y *cuándo,* Papaji nos orientaba hacia el silencio. Él llamaba al silencio «el sustrato». A algunos les parecía que el objetivo era simplemente no hablar o no pensar. Más adelante quedó claro que el sentido de permitir que los pensamientos volvieran al sustrato, el sentido de estar aquietado, es darse cuenta de que es el silencio mismo lo que siempre está aquí. Haya o no pensamientos, el silencio permanece, un silencio que rebosa con la plenitud del ser, consciente de sí mismo. Si aparecen la dicha o la desesperación, la conciencia silenciosa sigue siendo el sustrato inmóvil.

Papaji nunca quiso que aprendiéramos sobre el silencio; no ofrecía clases de autoconciencia. Siempre nos animaba a estar dispuestos a permanecer absolutamente aquietados y después a descubrir por nosotros mismos qué es la quietud.

A menudo venían a él personas que habían estado meditando durante mucho tiempo, buscadores serios que habían practicado la meditación durante años, en largos retiros de muchas horas. Él se sentía feliz de verlos, pero no le impresionaban las historias de sus prácticas. Si bien, a menudo, permitía que su mente cayera en una presencia profunda y sin pensamientos, el silencio hacia el que apuntaba no podía ser adquirido ni practicado. Él decía que la verdadera meditación es *dhyana,* que él traducía como 'no mente'. Con frecuencia, practicar con más firmeza no consigue sino enraizar el concepto de que uno es un practicante, alguien que se está acercando a algún logro futuro.

Papaji no hacía distinción entre los buscadores nuevos y los que llevaban décadas en el sendero. «Mantente aquietado, averigua quién eres. ¿Quién está practicando? ¿Quién es nuevo en el sendero?».

Todos los que no se identificaban excesivamente con «alguien que...» podían experimentar que sus mentes se paraban en seco. Entonces podían beber profundamente de la trasmisión que él les había ofrecido y, tanto si sus prácticas continuaban como si no, saboreaban la verdad de sí mismos como silencio. Más allá y antes de toda práctica, inmutable en medio de todas las religiones y sistemas de creencias, está la conciencia silenciosa.

Todos tenemos el hábito de practicar. La mayoría practicamos ser las personas que creemos ser, o las personas que deberíamos ser. ¿Cuánto tiempo dedicamos a repetir internamente definiciones de nosotros mismos? «Soy un estúpido» o «soy la persona más inteligente que conozco». Después de un mal día, tal vez nos digamos: «Estoy condenado a ser infeliz». O después de un día excepcionalmente bueno: «Voy a ser feliz todos los días de mi vida». ¿Cuántas horas pasamos imaginando cómo podría haber sido nuestro pasado o cuál podría ser nuestro futuro? Tenemos imágenes internas de nosotros mismos que juzgamos positiva o negativamente. A medida que practicamos siendo quienes creemos ser, observamos y oímos dentro de nuestra mente una versión de nuestra vida, y, generalmente, estamos tan acostumbrados a ella que la consideramos la realidad.

Es posible que llamemos al tiempo que pasamos sobre el cojín de meditación «nuestro tiempo de práctica». Pero, en las mejores «prácticas», ese tiempo es cuando nuestra práctica normal y cotidiana realmente se detiene. Durante veinte minutos o una hora, no tenemos que recordar quiénes somos ni cómo deberíamos ser; no tenemos que practicar un pasado o un futuro. Podemos parar. Los que han tenido esta experiencia quieren más. Pero pocos se dan cuenta de que ese *más* ya está aquí como la base en la que brotan todas las historias, y los *debería,* los *haré* y los *podría.* Está aquí a cada momento, no solo durante el tiempo que pasamos sobre el cojín. Y siempre hay más de ello cuando estamos dispuestos a detener nuestras prácticas habituales y simplemente aquietarnos.

Este descubrimiento nos satisface instantáneamente, y su misterio se despliega de manera continuada. Es el hallazgo de uno mismo, sin la carga de las ideas que uno se adjudica, ni los pensamientos con respecto a uno mismo, sin necesitar nada para liberarse de esa carga. Uno mismo antes de la ignorancia o de la iluminación, antes de tener un nombre, de tener sexo o historia, y después de todos los nombres, y también en medio de cualquier aparición de un género o de una historia. Uno mismo como indefinible, y como aquel que se encuentra en la definición de todas las cosas. Solo la conciencia silenciosa no viene ni va. Solo la conciencia silenciosa se encuentra en todo lo que viene y va.

Papaji era un padre de familia. Poseía un empleo y un hogar. Tenía que dedicar tiempo a hablar. Uno de los beneficios de ser un padre de familia era que tenía que encontrar la realidad del silencio absoluto en la interacción entre el ruido y el silencio relativos. Fue un beneficio para nosotros que él realizara este descubrimiento.

Uno de los momentos más importantes que compartí con Papaji tuvo lugar cuando nos llevó a un mercado de Haridwar. Los mercados indios, como los de todas partes, son lugares ruidosos. Son centros de actividad con todo tipo de personas gritando o cantando, o implorando a los demás que les compren sus productos. Al ruido y a los olores se añadía el calor enervante de mediodía.

Un poco antes, aquella misma mañana, habíamos estado sentados en las pequeñas habitaciones del maestro junto al río. Mientras estaba en aquel mercado caluroso, pensé que quería volver a la paz de esas habitaciones, con la brisa refrescante del río y el único sonido del ventilador. Después de quejarme internamente durante un minuto o dos, miré hacia arriba y me topé con su mirada. Con asombrosa claridad me pareció oírle decir: «Aquí también». Me sentí asombrada y dichosa porque el silencio que está debajo del ruido se hizo evidente de manera inmediata. «Por debajo del ruido» no es la expresión exacta, pero en aquel momento me pareció así. Más adelante, me di cuenta de que, fuera cual fuese el nivel de ruido, yo también estoy aquí, y soy el silencio mismo.

Tanto si escuchaba a Papaji dar un discurso sobre el *dharma*, contar una historia didáctica o algún relato sobre su vida anterior como si iba con él a comprar verduras para la cena o simplemente me sentaba en sus habitaciones, cada momento era una invitación al silencio. Cada palabra apuntaba a su origen silencioso y traía noticias de él.

A veces Papaji pasaba tiempo dirigiendo cuidadosamente a un estudiante para que remontara un pensamiento hacia su origen en el espacio vacío y abierto del que había venido. Le pedía que eligiera cualquier pensamiento y lo dijera en voz alta. El discípulo podía responder: «No puedo detener mis pensamientos». Entonces Papaji le decía: «Sigue ese pensamiento por todo su recorrido hasta el lugar desde donde ha venido. En primer lugar se cae el "yo", luego el "no puedo", después "detener", más tarde "mis" y por último "pensamientos"... ¿Qué queda ahora?».

El rostro del discípulo se llenaba de asombro en la mente abierta, luminosa y libre del pensamiento que desaparece cuando se lo sigue hacia atrás en lugar de seguirlo hacia delante, hacia los diez mil pensamientos.

Papaji acababa diciendo: «Ahora, dime: ¿quién eres tú?».

El resultado de esta invitación al silencio no es sombrío en ningún sentido. Cuando estábamos con Papaji, a menudo nos reíamos a carcajadas. En ocasiones, no se pronunciaba una palabra durante horas, otras veces las conversaciones eran animadas. El diálogo no tenía límites preestablecidos; podía versar sobre el tema espiritual más profundo o sobre el próximo partido de críquet. Podíamos hablar de los horarios de los trenes, de la política de India o del creciente número de buscadores que estaban encontrándolo. Cualquiera que fuera el tema de conversación, y también si no se charlaba, tanto si había risa como simple reflexión callada, siempre estaba presente un amor desbordante.

Este amor abundante es el tesoro escondido que la mente aquietada revela. No hace falta hablar de él, y es natural experimentarlo y compartirlo. El amor no se enseña. Se descubre.

En la voluntad de estar aquietados, siempre es posible ceder más profundamente al amor consciente y silencioso. Si surgen los viejos hábitos de aferrarse y controlar, el simple y profundamente eficaz «quedarse callado» permite un descubrimiento fresco de la conciencia silenciosa siempre presente que es amor. Al final, se produce una caída tan profunda en el silencio que no caben dudas de que ese es el silencioso-amor-consciente que tú eres.

El verdadero silencio absoluto y el verdadero amor absoluto no son diferentes. La conciencia absolutamente silenciosa rebosa de amor absoluto y realizado. Los objetos —personas, naturaleza, emociones— pueden aparecer o no. Los objetos no son necesarios y se les da la bienvenida.

La alegría de este pleno silencio no tiene causa y es ilimitada. Está siempre aquí, siempre descubriéndose a sí misma. Es el tesoro, y solo está escondido cuando nos negamos a mantenernos aquietados y a percibir quiénes somos.

La pulcritud y la suciedad son igualmente puras como conciencia silenciosa. Los escalofríos del asombro y la quietud del sueño profundo se incluyen igualmente en la conciencia silenciosa.

Es la destructora de toda paradoja, la que resuelve las diferencias, la que lo permite todo, reina suprema que no hace nada. Consciente de los estados sublimes y sutiles, de los horrores inenarrables, da la bienvenida tanto a lo mundano como a lo profundo.

Amante del amor, saludadora del odio, observa silenciosamente lo que se forma a partir de su sustancia. Universos de movimiento infinito están formados a partir de ella, que permanece inmóvil. *Brahman, atman*, alma, tú, yo, nosotros, ellos, todo y nada. Solo ella se reconoce a sí misma.

En un momento de quietud transparente, en la pasión de la guerra, en la rendición del amante, en la resistencia del *no*, en todo ello la conciencia silenciosa se conoce a sí misma. Se reconoce a sí misma en el santo, en el asesino y en el asesinado; en el adorado y en el injuriado; en el cazador y en el atrapado.

En el amanecer del yo, en el reconocimiento del otro, al encontrar el fin, la conciencia silenciosa siempre permanece igual, cualquiera que sea la dirección y cualquiera que sea el camino.

A través de toda oscuridad y de toda revelación, a través de toda ignorancia y de todo conocimiento, la conciencia silenciosa, generadora de todo, permanece libre de todo.

En la música de las esferas y en los sonidos chirriantes, la conciencia silenciosa está presente. En la pena más honda y en el éxtasis exultante, la conciencia silenciosa permanece igual.

Está presente en los gobernantes del mundo y en los aplastados. Es el océano con todas sus olas y la orilla. Y también el lugar de encuentro del océano con la orilla.

En cada momento, en cada estado, en todas las formas de conciencia, inconsciencia, subconsciencia y supraconciencia, la conciencia silenciosa está inamoviblemente presente.

En el que atrae y en el que repele, en el que busca y en el ignorante. También está en todas las distinciones y equiparaciones. En lo conocido y en lo desconocido, en lo que se expresa y en lo inexpresable, eternamente realizada y eternamente evasiva.

Es inconmensurable y, a la vez, lo más pequeño de lo pequeño, sin ni siquiera el límite de ser ilimitada. Solo ella se reconoce a sí misma, siempre de manera fresca, y también antigua.

Infunde y ve lo mejor y lo peor. Expresada por el arte y lo que no tiene arte. Se incluye a sí misma en todo.

Reconócete como ella. Exprésala con palabras si es que puedes. Descubre sus límites si te es posible. Infórmate a ti mismo sobre la totalidad de ella, sobre tu exploración de ella como tu propio ser.

Agradecimientos

Ofrezco mi agradecimiento constante a todos aquellos que leyeron e hicieron sugerencias para mejorar este libro. Especialmente a Eli, Roslyn y Bruce Moore, Harriett Brittain, Barbara Denemport y Manju Lyn Bazzell.

Gracias a Ed y Deb Saphiro por su apoyo pleno y de corazón. Me presentaron al agente literario David Nelson, de Waterside Productions, que fue el primero que me recomendó decididamente que escribiera este libro y ha estado conmigo durante todo su recorrido.